BIBLIOTHÈQUE

FRANÇAISE.

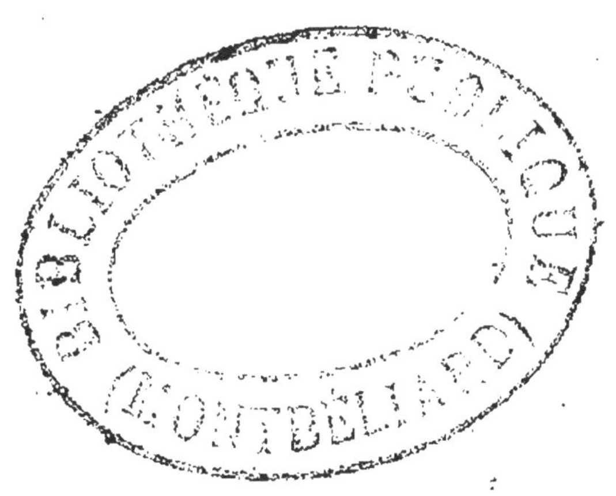

HISTOIRE
DES
RÉVOLUTIONS
DE SUÈDE,

OU L'ON VOIT LES CHANGEMENS QUI SONT ARRIVÉS DANS CE ROYAUME AU SUJET DE LA RELIGION ET DU GOUVERNEMENT,

PAR VERTOT.

TOME SECOND.

PARIS,
MENARD ET DESENNE, FILS.
1819.

HISTOIRE

DES

RÉVOLUTIONS

DE SUEDE,

OU L'ON VOIT LES CHANGEMENS QUI SONT ARRIVÉS DANS CE ROYAUME AU SUJET DE LA RELIGION ET DU GOUVERNEMENT.

GUSTAVE, ayant congédié l'assemblée, ne songea plus qu'à pousser plus loin ses conquêtes, et à faire de nouvelles entreprises qui répondissent à l'attente et à l'espérance des Suédois. Le succès de ses armes, ses victoires, le nombre et la valeur de ses troupes, la faveur et l'applaudissement des peuples, lui firent naître des pensées conformes à son courage et à son ambition ; il ne désespéra pas de monter un jour sur le trône de Suède, s'il pouvait en chasser entièrement Christiern.

Les Danois étaient encore maîtres de la capitale et de plusieurs provinces, et Gustave manquait d'argent pour soutenir la guerre : heureusement le roi de Danemarck n'en avait pas plus que lui ; ainsi la pauvreté de ses ennemis lui tenait lieu en quelque manière de richesses. Il vendit cependant ou il engagea toutes les terres de sa maison pour lever de nouvelles troupes, dans la vue que s'il triomphait de ses ennemis, il trouverait aisément dans la victoire de quoi se dédommager, et que s'il était vaincu il serait également contraint d'abandonner ses terres et de sortir du royaume.

Il envoya une partie des nouvelles troupes qu'il venait de lever à Arvide, avec ordre de presser le siége de Stegeborg. Le colonel de Sassi et Frédage assiégèrent Stockholm qu'ils tenaient bloquée depuis quelque temps : ce prince jeta un autre corps d'armée dans la Finlandie sous les ordres du frère d'Arvide, et il se réserva un camp volant pour la sûreté de sa personne et pour l'exécution de ses desseins particuliers ; il parcourait toutes les provinces avec une diligence extrême ; il était, pour ainsi dire, en même temps dans toutes ses armées; lui seul formait tous les desseins et toutes les entreprises; il passait souvent au travers du pays ennemi, et jusque sous le canon de leurs places, sans en être attaqué; le secret de ses desseins et la promptitude de sa marche ne donnaient pas le loisir aux Danois de s'y opposer : il se rendit maître lui-même de toute la Smalandie en moins de temps presque qu'il n'en faut pour la parcourir.

(a) De là il joignit Arvide qui était encore au siége de Stegeborg. Le gouverneur défendait la place avec beaucoup de courage et de résolution : ce gouvernement faisait toute sa fortune, et il tâchait de le conserver plutôt comme son bien et son patrimoine, que dans la vue de soutenir le parti et les intérêts de Christiern. Gustave comprit bien que cet aventurier se défendrait mieux contre ses armes que contre son argent : il lui fit faire des propositions avantageuses; le gouverneur céda à sa présence et à ses bienfaits; il lui remit sa place, il passa même dans ses troupes, et il y prit parti avec toute sa garnison, charmé de la valeur et de la générosité de ce

(a) An 1521, 18 décembre.

prince, et attiré par les emplois et par les pensions considérables dont il le gratifia.

Gustave se rendit maître ensuite des châteaux et des forteresses de Nykiòpinc et de Tynnelsò; de là il passa dans la Westmanie: le gouverneur du château de Westeràhs, qu'il tenait bloqué depuis si long-temps, commençait à manquer de vivres, et il ne pouvait espérer aucun secours; Gustave, en passant dans cette province, l'obligea de lui rendre sa place; il lui accorda une composition utile en secret, et honorable à l'égard du public; un conquérant, suivant sa maxime, ne pouvant payer trop cher les momens qu'on lui épargnait. Quoique ce prince fût plein de courage et de la plus haute valeur, il n'attaquait cependant d'abord ses ennemis que par des offres et des vues intéressantes; il savait préparer les événemens par des négociations secrètes, et faire mouvoir suivant ses intérêts tous les ressorts de la politique la plus fine.

L'administrateur ne se fut pas plutôt rendu maître du château de Westeràhs qu'il s'avança à la tête de toutes ses troupes vers Stockholm dans le dessein de commander lui-même au siége, et d'achever la conquête du royaume par la prise de la capitale. Il n'était qu'à deux journées de cette ville lorsqu'il apprit que ses deux lieutenans avaient été battus, et que le siége était levé. Christiern avait fait un dernier effort pour conserver la Suède ; il avait mis en mer une puissante flotte chargée d'un nombre considérable de troupes de débarquement, et il en avait donné le commandement avec la conduite de toute l'expédition à l'amiral Norbi, qui montrait beaucoup d'ardeur pour cette entreprise.

Ce seigneur ne pouvait pardonner à Gustave de s'être emparé de la Suède, et d'avoir prévenu les desseins secrets qu'il formait sur ce royaume : il ne cachait point la haine qu'il portait à ce prince ; et Christiern prenait cette haine violente pour zèle et pour affection à son service : il avait contribué beaucoup à l'armement de la flotte par ses soins, et même par son argent ; ses amis l'accompagnaient dans cette expédition ; les troupes qu'il commandait lui étaient dévouées, et il se flattait encore que s'il pouvait défaire Gustave, il ne lui serait pas impossible de disposer des Suédois, dans l'horrible aversion qu'ils avaient pour la domination de Christiern, à le choisir pour administrateur ; ce qui était un degré pour parvenir à la couronne.

(*a*) Gustave n'ayant point de flotte qui tînt la mer, ni qui pût s'opposer au passage des Danois, Norbi entra sans peine dans le port de Stockholm ; ses troupes étant débarquées, il fit une sortie avec toutes ses forces dans la vue de surprendre les Suédois ; malheureusement pour l'administrateur, ses deux lieutenans s'étaient brouillés au sujet du commandement : le colonel allemand prétendait conduire seul le siege comme plus entendu dans le métier de la guerre, où il avait vieilli ; mais le Suédois, jaloux de l'honneur de sa nation, sûr et fier de son courage, ne pouvait se résoudre à céder à un homme qu'il ne croyait pas plus brave que lui ; ils avaient depuis leur différent leurs troupes et leurs quartiers séparés, et même sans communication, plus ennemis et plus en garde l'un contre l'autre que contre la garnison danoise, dont ils méprisaient également la faiblesse et le petit nombre.

(*a*) An 1522, avril.

Norbi profita de leur division : il fit une sortie sur le quartier de Fredage sans que le colonel allemand se mît en état de le secourir. Les Suédois, surpris d'une attaque imprévue, abandonnèrent leurs lignes et s'enfuirent honteusement. Les Allemands qui insultaient à leur disgrace eurent leur tour ; l'amiral danois les fit attaquer par toutes ses troupes : la terreur se répandit dans leur camp, et ils s'enfuirent après avoir fait une légère résistance. Norbi fit combler les lignes et ruiner tous les travaux par les soldats de la garnison pendant que ses troupes poursuivaient les fuyards.

La déroute et la honte furent cependant plus grandes que la perte ; la plupart des troupes suédoises se rallièrent sous leurs commandans : les deux chefs s'attribuaient réciproquement la défaite de l'armée ; ce malheur avait aigri leurs esprits et augmenté leur haine. Il était trop important à Gustave de terminer ces divisions pour n'y pas travailler avec empressement : il se rendit à l'armée avec une diligence extrême, et il finit heureusement leur querelle en leur ôtant par sa présence le commandement, qui était la principale source de leur haine et de leur jalousie; il fit ensuite rapprocher ses troupes de Stockholm, et il assiégea de nouveau cette place malgré la rigueur de l'hiver, afin que la nouvelle de son entreprise prévînt, ou du moins balançât le bruit de la défaite de ses lieutenans.

Norbi ne s'embarrassa pas beaucoup de cette entreprise, qui était plutôt un blocus qu'un véritable siége : il mit une grosse garnison dans la ville; et comme il était maître de la mer, il passa dans la Finlandie, d'où il chassa le frère d'Arvide, qui y faisait la guerre pour Gustave. L'administrateur vit bien qu'il ne pouvait espérer de réussir dans ses desseins, ni prendre Stockholm sans une flotte pour en fermer le port : il dépêcha à Lubeck Siguard de Holten, son secrétaire, pour presser le secours qu'on lui faisait espérer tous les jours, et pour obtenir de cette république les troupes et les vaisseaux qu'il demandait; Siguard fut écouté plus favorablement par la régence que le premier envoyé de Gustave. Les magistrats de cette ville avaient appris la levée du siége de Stockholm; ils croyaient la défaite et la déroute générale, et la perte pour l'administrateur aussi considérable que les Danois l'avaient publiée. Comme ces républicains voulaient également empêcher sa ruine et son élévation, ils accordèrent pour lors sans peine à son secrétaire les secours qu'il demandait dans la vue de perpétuer la guerre, s'ils le pouvaient, entre les deux royaumes du nord ; ils s'engagèrent de faire partir incessamment une flotte de dix-huit vaisseaux de guerre chargés de quatre mille hommes, et payés pour un an; mais ils firent monter bien haut la dépense et les frais de cet armement.

Ils demandèrent que l'administrateur s'obligeât, au nom des états de Suède, de payer à leur ville pour l'armement de la flotte la somme de soixante mille marcs d'argent; qu'en attendant que le royaume fût en état de payer une somme si considérable, les marchands de Lubeck qui trafiqueraient en Suède seraient exempts des droits d'entrée et de sortie; que le commerce du royaume serait interdit à toutes les autres nations ; que Gustave ne pourrait faire ni paix ni trève avec le Danemarck sans la participation de la régence; et que s'ils étaient attaqués par Christiern, il serait obligé d'entrer en Danemarck à la tête de vingt mille hommes pour faire diversion.

La plupart de ces conditions parurent bien dures à Gustave ; les marchands de Lubeck ruinaient par ce traité le commerce de la Suède, et anéantissaient le domaine du prince, qui ne consistait presque plus en ce temps-là que dans les droits d'entrée et de sortie : mais d'un autre côté il ne pouvait se passer d'une flotte pour assiéger Stockholm, Calmar, et les autres villes maritimes. Il n'avait point d'argent pour faire construire des vaisseaux, ou pour en acheter, et il voyait bien que tant que les Danois seraient maîtres de la mer, ces villes serviraient toujours de portes à Christiern pour faire entrer de nouvelles armées dans le royaume, et y perpétuer la guerre. L'administrateur fut contraint par ces raisons de consentir à un traité qui eût été honteux s'il n'eût été nécessaire. Siguard de Holten le signa par son ordre. La flotte de Lubeck mit à la voile quelque temps après : Fridéric Brum servait d'amiral dans cette expédition, et Jean Stammel commandait les troupes de débarquement.

(a) La flotte arriva heureusement dans le port de Soderkiòping la veille de la Pentecôte; on débarqua les troupes qui devaient servir sur terre. Gustave envoya Bernard de Milen, qui était de leur nation, pour leur faire prêter le serment de fidélité; mais ces troupes étrangères refusèrent obstinément de lui obéir et de le reconnaître, quoiqu'il fût Allemand : elles demandèrent avec instance à voir Gustave, et la plupart protestèrent qu'ils ne s'étaient embarqués que dans l'espérance de combattre dans son armée, et sous le commandement d'un prince célèbre dans toute l'Allemagne par sa valeur.

Il fallut, pour les contenter, que l'administrateur se rendît à Soderkiòping : ces soldats étrangers furent charmés de sa bonne mine et de la grace avec laquelle il leur parla; ils lui prêtèrent avec joie le serment ordinaire de fidélité pour tout le temps que leurs supérieurs les avaient engagés à son service, et ils s'attachèrent à sa fortune avec autant d'ardeur que s'ils eussent été ses sujets.

Gustave se servit de ces troupes pour grossir l'armée qu'il avait devant Stockholm, et

(a) An 1522, 11 juin.

il les fit camper du côté de la mer et vis-à-vis le port de la ville, qui était l'endroit du camp le moins fortifié; il ramassa ce qu'il put de vaisseaux, il en forma une escadre dont il donna le commandement à Eric Fleming, seigneur finlandais, avec ordre de croiser avec la flotte de Lubeck devant le port de Stockholm, pour empêcher qu'on y fît entrer aucun secours.

Fleming, étant à la hauteur de Stockholm, découvrit une escadre de vaisseaux danois qui venaient à toutes voiles : c'était un convoi considérable commandé par le gouverneur d'Abo, que Norbi envoyait pour ravitailler Stockholm, apparemment sans être instruit que ceux de Lubeck s'étaient déclarés pour les Suédois, et que leurs flottes tenaient la mer : Fleming fit retirer tous ses vaisseaux derrière le cap de Stockholm; le convoi et les vaisseaux de conserve, ayant le vent favorable, avançaient toujours, et ils étaient précédés par deux frégates légères qui voguaient dans une égale distance pour découvrir.

La première de ces frégates n'eut pas plutôt doublé le cap, que Fleming l'environna et s'en rendit maître : il en fit sortir aussitôt tout l'équipage, il la remplit de matelots et de soldats suédois ; il la monta lui-même, et il fut ensuite au-devant de l'autre frégate qui s'avançait sans défiance : le commandant du convoi montait ce vaisseau ; il n'eût pas plutôt aperçu la première frégate qui revenait, qu'il se jeta dans sa chaloupe, dans l'impatience d'apprendre ce qui l'obligeait de revenir ; mais à peine fut-il à bord qu'il se trouva au pouvoir de ses ennemis. Fleming donna aussitôt le signal pour faire avancer toute la flotte ; il environna le convoi et son escorte, et il se rendit maître de tous les vaisseaux avant que les capitaines destitués de leur amiral fussent convenus de combattre et de l'ordre de la bataille : il n'y eut qu'un seul vaisseau finlandais qui fit résistance; le capitaine se battit avec une valeur extraordinaire depuis midi jusqu'à la nuit, et il aima mieux se brûler que de se rendre. Fleming, par ordre de Gustave, fit pendre le commandant du convoi par représailles des cruautés qu'il avait exercées dans son gouvernement.

L'amiral Norbi apprit avec un violent chagrin que son convoi avait été pris : il dominait pour ainsi dire dans ces mers, et il souffrait impatiemment que les Suédois, peu versés dans la marine, eussent fait une prise de cette importance; il employa tous ses soins pour mettre sa flotte en état d'aller promptement en mer : elle ne fut pas plutôt équipée qu'il fit mettre à la voile : ses vaisseaux étaient chargés de vivres et de soldats qu'il espérait faire entrer dans Stockholm. Gustave la tenait toujours étroitement bloquée du côté de terre. Norbi trouva en son chemin la flotte de Lubeck et l'escadre de Fleming, qui étaient sur les ancres à la rade de cette ville : les deux flottes se canonnèrent furieusement pendant une journée entière; Norbi espérait renouveler le combat le lendemain; mais, des présages de gros temps l'ayant obligé de se retirer, il relâcha le soir auprès d'une petite île, dont le fond était sûr, et qui n'était pas cependant éloigné du bord de la mer.

Il y fut surpris la nuit par une gelée extraordinaire, et si violente que tous ses vaisseaux se trouvèrent pris et arrêtés dans la glace. Gustave en ayant été averti, résolut de les aller brûler; il prit avec lui les troupes de Lubeck, qui campaient de ce côté-là, et qu'il croyait plus propres pour ce genre de combat que les Dalécarliens et les autres paysans dont son armée était composée : il fit passer les soldats sur la glace jusque dans l'île, avec ordre de s'avancer à la faveur des ténèbres le plus près qu'ils pourraient des vaisseaux ennemis.

Norbi, à l'approche des troupes de Gustave, fit faire un feu continuel de son canon et de la mousqueterie ; les soldats de Lubeck ne laissèrent pas de s'avancer courageusement jusqu'à bord des vaisseaux ; les uns tiraient des flèches, d'autres lançaient des torches ardentes, quelques-uns, plus hardis, tâchaient d'y monter, et de s'en rendre les maîtres, mais ils étaient aussitôt renversés sur la glace par les Danois, qui combattaient avec avantage du haut de leurs vaisseaux : on se battait de part et d'autre avec une ardeur égale, et sans se voir qu'à la lueur du feu de la mousqueterie; on vit en peu de temps, malgré les soins et la résistance des Danois, plusieurs vaisseaux embrasés, que les vaincus et les victorieux abandonnaient ensuite avec la même précipitation; l'horreur des ténèbres, les cris de ceux qui périssaient dans les flammes, la chute des mâts et les débris des vaisseaux, tout cela mêlé ensemble inspirait aux plus courageux une secrète frayeur; les Danois avaient également à se défendre du feu et des ennemis; ils avaient déjà perdu plusieurs vaisseaux, et il ne s'en serait pas sauvé un seul si ceux qui commandaient en cette occasion sous Gustave eussent voulu achever de vaincre.

Mais le général de Lubeck (*a*) arracha lui-même la victoire des mains de ses soldats; il fit sonner la retraite au milieu du combat; et malgré les prières et les menaces de Gustave il ramena ses troupes sur terre sous prétexte qu'elles étaient trop exposées au feu des ennemis, soit qu'il eût été gagné secrètement par Norbi, comme l'administrateur l'en soupçonna, ou qu'il eût un ordre secret de ses supérieurs de balancer les avantages entre les deux partis, et de ne pas achever sitôt la guerre. Comme la saison n'était pas encore fort avancée (*b*), le soleil parut le matin, il fit fondre la glace, et un vent du sud s'étant levé en même temps, acheva de la dissiper; Norbi mit aussitôt à la voile, et il se retira

(*a*) Jean Stammel.

(*b*) An 1522, novembre.

dans le port de Calmar avec le reste de sa flotte qui était fort en désordre.

Gustave fut au désespoir de la perfidie du général Stammel : sa retraite venait de lui enlever une victoire assurée, et retardait la prise de Stockholm, d'où dépendait le succès de tous ses desseins ; il vit par cette conduite quel fonds il devait faire sur de tels alliés, et il comprit aisément dans cette occasion qu'il ne devait leur secours qu'à la crainte seule qu'ils avaient de l'agrandissement de Christiern, mais qu'ils cesseraient de l'assister, et que peut-être ils deviendraient même ses ennemis s'il poussait plus loin ses conquêtes, et s'il devenait lui-même plus puissant : il dissimula cependant son ressentiment ; il avait toujours besoin de leur flotte pour fermer le port de Stockholm : il envoya pendant l'hiver leurs troupes dans de bons quartiers ; et avec les Suédois seuls, qui étaient accoutumés au froid et à camper dans la neige, il serra de si près cette ville qu'on ne pouvait plus y jeter ni secours ni vivres.

Norbi, ayant appris l'extrémité où cette place était réduite, résolut de hasarder encore un combat sitôt que la mer serait dégagée de la glace, et que la navigation serait libre : il fit équiper avec beaucoup de soin et de dépense toute sa flotte, et il la chargea d'un nombre considérable de soldats, qu'il tira des garnisons de l'île de Gotlande et de la ville de Calmar, dont il était gouverneur; et il se flattait de faire lever encore une fois le siége de cette capitale, lorsqu'il apprit que tout le royaume de Danemarck s'était enfin soulevé contre Christiern.

Ce prince toujours violent méprisait les lois et les priviléges de son pays; il disposait, selon son caprice, des biens et de la vie même de ses sujets; il en voulait sur-tout au clergé du premier ordre, et à la noblesse qu'il soupçonnait de méditer quelque révolte, parce qu'ils avaient lieu de se plaindre de lui : il avait fait mourir plusieurs seigneurs et deux évêques sans aucune forme de justice; ce qui avait également irrité le corps du clergé et celui de la noblesse : ces cruautés et le massacre de Stockholm le faisaient généralement haïr; mais dans cette haine publique il était encore craint, et il serait resté sur le trône malgré tant de cruautés, s'il n'eût pas accablé les Danois par des impôts extraordinaires pour soutenir la guerre de Suède, qui était toujours sa plus violente passion.

Le peuple, au désespoir d'un gouvernement si tyrannique, perdit la crainte avec le bien; il entra avec ardeur dans l'indignation et le ressentiment du clergé et de la noblesse: ce fut une conspiration générale de tous les états et de tous les ordres du royaume: ils traitèrent secrètement avec Frideric d'Oldenbourg, duc de Holstein, oncle de Christiern. Ce prince vivait tranquillement dans les terres de son apanage, et il n'avait fait paraître jusqu'alors aucune ambition; cependant la vue d'une couronne l'éblouit: il écouta avec plaisir les propositions des mécontens: il traita avec eux, et il consentit à dépouiller son neveu; il crut aisément et il se flatta que la conduite violente et toutes les cruautés de ce malheureux prince justifieraient ses armes, et empêcheraient qu'on ne le regardât comme un usurpateur. Il leva des troupes dans toutes les terres de ses dépendances pour appuyer les mécontens. La révolte commença dans la province de Jutland, qui confine au Holstein: les états de cette province, assemblés à Arhusen, déposèrent publiquement Christiern, et ils osèrent même lui faire signifier l'acte de sa dégradation par Munce, chef de la justice de cette province.

Christiern fut accablé de cette signification, à laquelle un prince plus ferme et plus habile n'aurait répondu que les armes à la main. Il était encore maître du royaume de Norwége, que le roi Christiern Ier, son grand-père, avait rendu héréditaire dans sa maison; Copenhague ni toutes les îles de la mer Baltique ne s'étaient point encore déclarées en faveur de son oncle ni des rebelles, et il était assuré d'ailleurs de la flotte de Norbi, qui était toujours constamment attaché à ses intérêts : ce prince ne songea cependant ni à combattre les révoltés, ni à disputer sa couronne au duc de Holstein; il crut que la conjuration était générale dans tout le royaume, quoiqu'elle n'eût encore éclaté que dans une province; il se défiait de tout le monde; ses domestiques mêmes et les officiers de sa maison lui étaient suspects; il craignait à tous momens qu'ils ne le livrassent au prince son oncle : il se dégrada lui-même; il oublia sa naissance et sa dignité; il mendiait avec bassesse du secours et des conseils de ceux de ses sujets qu'il avait traités le plus indignement. Sa disgrace l'exposa aux yeux de ses peuples tel qu'il était, aussi lâche dans l'adversité qu'il avait paru fier et présomptueux dans la bonne fortune : il aima mieux vivre particulier que de mourir roi; il s'enfuit honteusement de ses états, il s'embarqua avec la reine sa femme et les princes ses enfans, accompagné de Sigebritte, qui malgré le mauvais succès de ses conseils conservait toujours son empire et son autorité sur ce malheureux prince (*a*) : il alla chercher du secours auprès de l'empereur Charles-Quint, son beau-frère; il se flatta qu'il armerait toute l'Allemagne pour le rétablir; comme s'il ne lui eût pas été bien plus aisé de conserver lui-même ses états avec ce qu'il avait de troupes, que de les recouvrer même avec toutes les forces de l'empire.

Norbi, ayant appris la fuite et l'abdication de ce prince, abandonna la Suède et le dessein de secourir Stockholm; il ne laissa qu'une faible garnison dans Calmar, et il se retira avec toute sa flotte dans l'île de Gotlande, dont il était gouverneur, sous prétexte de la conserver pour Christiern, mais en effet dans

(*a*) An 1523, 23 avril.

la vue de tâcher de la garder pour lui-même parmi la confusion des affaires du nord, et dans le dessein de s'en rendre insensiblement le maître absolu et le souverain sous le nom de ce prince.

Gustave profita de sa retraite; il se rendit maître de Calmar à la faveur d'une intelligence qu'il avait dans la ville : les bourgeois reçurent la nuit ses troupes qui firent main-basse sur la garnison. Arvide s'empara en même temps de l'île d'Oéland, et Bernard de Milen conquit toute la Blequingie. Tout le royaume secoua universellement le joug de la domination danoise, à l'exception de Stockholm et de quelques places dans la Finlandie.

La garnison de Stockholm, affaiblie par la longueur du siége, pressée par les armées de terre et de mer de Gustave, et encore plus par les bourgeois de la ville, qui ne cachaient plus l'inclination qu'ils avaient pour ce prince, songea à faire sa composition. Les soldats sans paie, sans munitions, et sans savoir même en faveur de qui ils souffraient toutes les incommodités d'un siége, offrirent de se rendre et de capituler, et ils ne demandèrent pour toute condition que la paie qui leur était due depuis qu'ils étaient entrés dans la place.

Gustave, qui avait tant d'intérêt d'être maître de cette ville, refusa, contre sa maxime ordinaire, une proposition si avantageuse; ce prince savait bien que la garnison était réduite à un petit nombre de soldats, et qu'ils étaient même sans vivres et sans poudre : il ne cherchait sous cette sévérité apparente qu'à prolonger de quelques jours un siége dont la durée, dans la conjoncture présente, devenait importante à sa fortune et à ses desseins secrets. Il voyait la Suède absolument délivrée de la domination danoise; Christiern, haï de tout le monde, errait comme un malheureux proscrit, et mendiait dans toutes les cours des princes ses alliés du secours pour se rétablir en Danemarck. Gustave touchait pour ainsi dire à la couronne; mais il craignait que la prise de Stockholm et la paix qui s'en suivrait dans tout le royaume ne produisissent insensiblement l'ingratitude avec la sécurité, et que les Suédois n'ayant plus d'ennemi commun ne se divisassent en différens partis au sujet de son élection et de son autorité, et il était bien aise que l'incertitude du siége de la capitale leur causât toujours quelque inquiétude, et le rendît nécessaire et considérable.

Ce prince habile convoqua dans cette vue les états-généraux à Strengnäz : il s'y rendit des députés de toutes les provinces; la noblesse et le peuple y accoururent de tous côtés dans l'impatience de voir Gustave, que tout le monde regardait comme le héros et l'ange tutélaire de la patrie. On procéda d'abord à l'élection des sénateurs, afin de remplir la place de ceux qui avaient péri dans le massacre de Stockholm (*a*). L'administrateur eut le crédit et l'habileté de ne laisser tomber le choix des états que sur des gens qui lui étaient tous dévoués, et qui tenaient à sa maison ou à sa fortune par les liens du sang, ou par ses bienfaits.

L'orateur des états (*b*) représenta à l'assemblée la nécessité d'élire promptement un roi; il leur fit ensuite le portrait de Gustave en peignant un prince vigilant, laborieux, plein de courage, et qui fût capable par sa valeur et sa prudence de s'opposer aux prétentions

(*a*) Bernard Milen, Pierre Ersand, Evard et Eric Fleming, Axel André, Canut André, Pierre Johan, Beto Claude, Tordo Bonde.

(*b*) Canut, prévôt de la cathédrale de Westeràhs.

injustes que les Danois avaient sur la couronne, et conclut qu'après tous les services que l'administrateur avait rendus à la Suède, et les preuves qu'il avait données de ses grandes qualités, ils seraient et ingrats et aveugles dans leurs intérêts, s'ils ne lui déféraient le titre et l'autorité de roi.

Ce discours fut reçu avec de grands applaudissemens : la noblesse et le peuple, emportés par leur zèle et par leur affection, prévinrent les sénateurs et les députés des provinces ; toute l'assemblée proclama à haute voix Gustave pour roi de Suède : il ne fut pas possible de recueillir les voix et d'observer les formes ordinaires dans les élections ; toute l'assemblée retentissait de ses louanges ; on l'appelait le sauveur et le libérateur de la patrie ; les paysans et les bourgeois mêlés confusément dans les états, sans distinction, et même sans égards pour les sénateurs et les autres seigneurs, s'empressaient d'approcher du prince ; ils ne connaissaient que lui dans l'assemblée, tout le monde voulait le voir et lui montrer la joie qu'on avait de son élection, et le plaisir d'y avoir concouru.

Gustave fut charmé de l'affection extraordinaire que les Suédois lui marquaient; il avoua qu'il la trouvait plus grande que ses services, et qu'elle lui était plus agréable que l'effet même de leur reconnaissance. Il voulut d'abord se défendre d'accepter la couronne par un reste de modestie; mais aux premières marques qu'il en donna tout le monde éclata en cris et en prières : il semblait que les Danois fussent encore aux portes de la ville. L'assemblée fut si affligée et le pressa si fortement, qu'il souffrit à la fin qu'on lui fît une douce violence : il monta sur le trône dont il s'était frayé le chemin par sa valeur et son habileté. Il fut reconnu solennellement pour roi et pour souverain de la Suède et des deux Gothies : le sénat et les députés des provinces lui prêtèrent le serment de fidélité.

Les états le pressèrent de se faire couronner en même temps; mais ce prince évita habilement cette cérémonie sous prétexte en apparence qu'il était obligé de retourner incessamment au siége de Stockholm, mais en effet parce qu'il ne se sentait pas encore assez affermi sur le trône pour ne pas prêter dans cette occasion les sermens que le clergé exigeait toujours avec soin pour la conservation de ses droits et de ses priviléges.

Il invita tous les sénateurs et la plupart des députés de passer dans son armée pour assister à la prise de Stockholm : il était bien assuré que la place ne pourrait plus tenir ; la garnison, pressée de la faim et menacée par les bourgeois, avait demandé plusieurs fois à capituler ; ses officiers généraux avaient par son ordre fait traîner la négociation tant que l'assemblée des états avait duré : on ne sut pas plutôt dans la ville son élection et son retour dans le camp, qu'on lui dépêcha de nouveaux députés ; le gouverneur se rendit, et laissa le roi maître de toutes les conditions du traité.

Gustave exigea qu'ils remissent entre les mains de l'officier l'argent, les papiers, les meubles, et tous les effets du roi Christiern, de son vice-roi, de l'archevêque Troll, et de l'amiral Norbi : il permit à la garnison de sortir avec armes et bagages, à condition de ne porter de six mois les armes contre la Suède ni contre ses alliés, et il s'engagea de leur fournir des vaisseaux pour les porter à Wismar ou à Lubeck ; et à l'égard des bourgeois, il promit avec plaisir de conserver inviolablement tous les priviléges de la ville.

La garnison sortit de Stockholm, et les troupes de Gustave en prirent possession. Il fit son entrée accompagné de tous les sénateurs, et suivi d'un nombre infini de seigneurs, de gentilshommes, et d'officiers de guerre habillés magnifiquement : ce prince augmentait la splendeur de cette pompe par sa bonne mine, par l'éclat de sa jeunesse, et par son air élevé et majestueux. Il fut reçu à la porte de la ville par les consuls et par les magistrats qui lui en présentèrent les clefs à genoux; le peuple mêlé confusément avec ses soldats, sans ordre et sans défiance, faisait retentir l'air de mille cris de louanges. Gustave alla descendre à l'église pour remercier Dieu du succès de ses armes; et la journée finit par un grand repas, qu'il donna à tous les sénateurs et aux principaux officiers de son armée.

Ce prince ayant pris possession de sa capitale, commença à faire les fonctions de roi; il envoya ses ordres dans toutes les provinces pour y faire reconnaître son autorité; il fit partir les gouverneurs des places et les principaux officiers de ses troupes, qu'il renvoya en diligence chacun dans leurs départemens. Il donnait ses audiences à toute heure : il recevait les personnes de qualité et de mérite, les uns avec honneur, et les autres avec bonté. Les peuples que la dureté du règne passé avait accablés, commencèrent à respirer ; le commerce se rétablit, et la Suède se vit enfin affranchie de la domination de ses anciens ennemis, et sous le gouvernement d'un prince qui méritait d'être aimé, et qui était capable de la protéger et de la défendre : il introduisit même dans sa cour plus de politesse dans les mœurs, et plus de magnificence dans les habits et dans la dépense qu'il n'y en avait eu sous ses prédécesseurs, soit pour adoucir ce qu'il y avait de sauvage et de grossier dans l'humeur de la plupart des Suédois, ou peut-être même aussi dans la vue de tirer insensiblement les seigneurs et la noblesse de leurs châteaux, et de les engager par une dépense extraordinaire à s'attacher à la cour et auprès du prince pour en tirer de quoi s'y soutenir.

Gustave avait pensé périr, comme nous

avons dit, par la perfidie du dalécarlien Peterson : la femme même de ce traître l'avait fait sauver, et le curé de Suverdsio l'avait reçu chez lui. Le roi envoya chercher cet ecclésiastique pour le récompenser ; mais ayant appris qu'il était mort, il fit mettre une couronne de cuivre doré sur le haut de l'église de cette paroisse, comme un monument de sa reconnaissance.

Toute la Suède se soumettait également à son autorité, à l'exception de quelques places dans la province de Finlandie, dont les Danois étaient encore maîtres. Le roi fit partir les deux Fleming avec de bonnes troupes pour les en chasser. L'arrivée de ces deux seigneurs à la tête d'une armée victorieuse, répandit la terreur parmi les Danois ; on ne les eut pas plutôt sommés de rendre leurs places, qu'ils en sortirent sans tirer un coup de mousquet : ils demandèrent pour toute condition qu'on les fît conduire en Danemarck, et ils se trouvèrent bien heureux de rencontrer dans l'armée même des généraux suédois un asile contre le ressentiment et la fureur du peuple qui, malgré leur traité, voulait les mettre en pièces, pour se venger des cruautés et des brigandages qu'ils avaient commis dans la province sous le règne de Christiern (*a*). Gustave fit conduire avec soin ces troupes en Danemarck ; elles y publièrent à leur tour ses conquêtes et son élection : leurs officiers exagérèrent sa puissance, le nombre et la valeur de ses troupes, pour justifier le peu de résistance qu'ils avaient fait à ses armes.

L'archevêque Troll n'apprit qu'avec un violent chagrin l'élévation de ce prince sur le trône de Suède : son élection semblait lui interdire le retour dans son pays et dans sa dignité ; ce prélat était resté en Danemarck depuis la fuite de Christiern : il vivait obscurément, méprisé des Danois, et oublié même de la cour, qui ne considère jamais les traîtres que dans le temps qu'elle les croit utiles et nécessaires. Comme ce prélat ne se pouvait faire valoir que par de nouvelles trahisons, il dit au nouveau roi de Danemarck, dans une audience qu'il eut de lui, que la couronne de Suède lui appartenait en qualité de fils de Christiern Ier, et qu'il ne pouvait, sans s'attirer le mépris même des Danois, la laisser plus long-temps sur la tête d'un usurpateur.

(*a*) An 1524.

Il ajouta que le clergé du royaume conservait toujours son ancienne inclination pour le Danemarck, et il l'assura qu'il ne manquerait point de sujets parmi les Suédois sitôt qu'il voudrait seulement s'en déclarer roi. Fridéric, ébloui de ces raisons qui flattaient également son intérêt et son ambition, se fit couronner par ce prélat à Copenhague en qualité de roi de Suède, comme si une couronne ne coûtait que la cérémonie de se la faire mettre sur la tête; et ce prince dépêcha en même temps un ambassadeur au sénat de ce royaume pour se plaindre de l'élection de Gustave comme faite au préjudice de ses droits et du traité de Calmar.

Le sénateurs de Suède ne voulaient pas que cet ambassadeur fût écouté; mais Gustave fut d'un avis contraire : il l'envoya recevoir, et le fit même traiter magnifiquement par ses officiers tant qu'il fut dans le royaume; il convoqua ensuite les états-généraux à Soderkiòping, moins à la vérité pour délibérer sur les propositions de cet ambassadeur que parce qu'il était bien assuré de faire confirmer en sa présence même son élection par tous les ordres du royaume. L'ambassadeur ayant été introduit dans l'assemblée (a), fit un grand discours aux états pour leur prouver qu'ils ne pouvaient se dispenser de reconnaître son maître pour roi de Suède, suivant le traité de Calmar; il s'étendit ensuite avec exagération sur sa puissance et sur ses bonnes qualités; et il ajouta qu'ils devaient, à l'exemple des Norwégiens, se soumettre à la domination de ce prince, qui, par là serait plus en état de les protéger contre Christiern, qui se disposait à rentrer dans les royaumes du nord avec toutes les forces de l'empereur.

Toute l'assemblée n'écouta cette harangue qu'avec beaucoup d'indignation. L'orateur des états lui répondit succinctement et avec beaucoup de vigueur, que la Suède ne choisissait plus ses rois parmi ses ennemis : que tout le royaume, redevable de son salut à Gustave, l'avait élu pour roi, et que ce prince saurait bien se maintenir sur le trône malgré les prétentions des Danois : il ajouta que l'union de Calmar avait été presque aussitôt rompue que formée; que les Suédois, quoique peu unis entre eux par l'artifice de leurs enne-

(a) An 1524, 11 juin.

mis, n'avaient pas laissé de soutenir la guerre avec avantage pendant plus d'un siècle, plutôt que de se soumettre à un traité si injuste et si odieux à toute la nation, et qu'il n'y avait pas d'apparence qu'à présent qu'ils étaient réunis sous un prince victorieux, ils reprissent volontairement des chaînes qui leur avaient coûté tant de sang.

Les états portèrent encore plus loin le zèle qu'ils avaient pour Gustave; ils déclarèrent, en présence même de l'ambassadeur, l'archevêque Troll traître et ennemi de la patrie, pour avoir couronné Fridéric; et dans la chaleur de leur zèle pour Gustave, ils s'obligèrent par un acte authentique (*a*) d'approuver tout ce que ce prince entreprendrait pour la conservation de sa dignité, sans qu'il fût obligé de convoquer les états-généraux, soit qu'il voulût faire la guerre ou la paix, et résolurent que ses ennemis seraient réputés ennemis de l'état et de toute la nation. Les Suédois, charmés de la valeur et des grandes qualités de Gustave, croyaient ne travailler que pour leur bonheur, en augmentant son pouvoir et ses droits; et ce prince habile, sous le titre

(*a*) Loccenius, lib. VI, p. 237.

apparent de défenseur de la liberté publique, s'acheminait insensiblement à une autorité absolue.

Il retint encore quelques jours à sa cour l'ambassadeur de Danemarck avant que de le congédier : les principaux seigneurs du royaume le traitèrent par son ordre tour-à-tour : il le fit inviter ensuite à une revue qu'il faisait de ses troupes, en apparence pour lui faire honneur, mais en effet pour lui faire montre de sa puissance et de ses forces ; il lui fit même des présens magnifiques quand il se retira ; enfin il n'oublia rien pour le gagner, ou du moins pour le disposer à parler avantageusement de sa puissance et de sa grandeur. Il le fit accompagner par un envoyé qu'il dépêcha de son côté au roi de Danemarck pour demander à ce prince la liberté de la veuve de l'administrateur, et des autres dames dont Christiern avait fait mourir les maris.

Les Danois tenaient encore cette princesse et ces dames prisonnières, et Gustave savait bien qu'il ne pouvait rien faire de plus agréable aux Suédois, ni même qui fût plus glorieux pour sa mémoire, que de procurer leur liberté. Ce ne fut pas cependant le seul motif du voyage de son envoyé. Christiern s'était retiré auprès de l'empereur son beau-frère. Ce prince n'était que trop puissant pour le rétablir dans les royaumes du nord, sur-tout s'il les trouvait divisés : Gustave ordonna secrètement à son agent de reconnaître le caractère et les desseins de Fridéric, et la disposition de son conseil, et de voir si on ne pourrait pas en venir à une paix solide entre les deux nations, et également nécessaire aux deux rois dans le commencement de leur règne, et d'une autorité naissante.

L'envoyé de Gustave étant arrivé à la cour de Danemarck, demanda publiquement au roi la liberté de la princesse et des autres dames suédoises : il eut ensuite une audience particulière de Fridéric : il se plaignit à ce prince, de la part du roi son maître, qu'il eût envoyé un ambassadeur en Suède sans lui en faire part, et sans le lui adresser : il lui dit que les rois ses prédécesseurs, malgré leurs prétentions, en avaient toujous usé plus honnêtement pendant même les guerres passées : que ces princes n'avaient pas fait de difficulté de reconnaître la dignité des administrateurs, et de leur adresser les lettres et les ambassadeurs qu'ils envoyaient à toute la nation. Il lui dit ensuite avec beaucoup de fermeté qu'il devait commencer à s'assurer du royaume dont il s'était emparé, avant que d'entreprendre de faire des conquêtes sur ses voisins; que le roi son maître ne songeait point à s'agrandir ni à augmenter l'étendue de ses états, mais aussi que ses troupes et ses places étaient en si bon état, qu'il défiait ses ennemis de s'emparer d'un pouce de terre dans son royaume. Il lui fit même entendre habilement qu'il ne tenait qu'à lui d'être reconnu par Christiern même pour roi de Suède; que ce prince, uniquement appliqué à recouvrer le royaume de Danemarck, lui avait fait offrir une cession de tous ses droits sur la Suède, pourvu qu'il voulût entrer dans une ligne contre les Danois, mais que Gustave avait refusé d'avoir aucune liaison avec le meurtrier de son père, et qu'il avait déclaré qu'il était son ennemi indépendamment des intérêts de la couronne de Suède.

Fridéric comprit bien par la fermeté de ce discours, et encore plus par le rapport de son ambassadeur, que Gustave était plus puissant que l'archevêque ne le lui avait voulu faire croire : il reconnut qu'il n'était pas temps de faire revivre d'anciennes prétentions, qui attireraient la guerre dans son pays ; il offrit à cet envoyé de convenir à l'amiable de tous ses différens avec Gustave, et de faire une ligue offensive et défensive avec lui contre Christiern ; et pour gages de son estime et de son amitié, il lui renvoya, avec une escorte honorable, la veuve de l'administrateur, et toutes les autres dames suédoises qui étaient prisonnières en Danemarck depuis le massacre de Stockholm.

Gustave, suivi de toute sa cour, alla au-devant de la princesse veuve ; il la reçut avec toutes les marques de considération, qui étaient dues à sa naissance et à son mérite ; il la fit loger à Stockholm dans le château ; il lui fit reprendre le même rang qu'elle avait dans le royaume du vivant de l'administrateur ; et il n'oublia rien des honneurs et des déférences extérieures qui pouvaient la consoler de ce que la souveraine puissance n'était plus dans sa maison : il fit rétablir toutes les dames de sa suite dans leurs biens, et il porta ses soins encore plus loin. La plupart de ces dames étaient encore assez jeunes pour pouvoir passer à de secondes noces ; mais presque tous les seigneurs de leur qualité avaient péri dans le massacre de Stockholm , ou se trouvaient déjà mariés. L'usage, en Suède , interdisait rigoureusement à une femme ou à une fille de qualité toute alliance avec une maison moins noble que la sienne : le roi leva en leur faveur cet obstacle ; il leur permit de choisir tels maris qu'il leur plairait ; mais sous cette permission apparente il ne laissa pas de disposer habilement de leur choix en faveur des principaux officiers de son armée ; il exhorta ces dames à préférer le mérite et le sang versé pour la patrie à un sang souvent inutile à l'état, quoique hérité par une longue suite d'illustres ancêtres ; il s'assura par ces alliances des meilleures maisons du royaume , et il mit en même temps ses créatures , par ces sortes de récompenses , en état de faire plus de dépense à la guerre, et de le mieux servir.

Quelque joie que ce prince eût témoignée à l'arrivée de la veuve de l'administrateur, le retour de cette princesse ne laissait pas de lui causer une secrète inquiétude : elle avait deux enfans fort jeunes du prince Sténon ; et les Suédois conservaient une affection et un attachement extraordinaire pour cette maison. Gustave prit ces jeunes princes auprès de lui sous prétexte de les faire élever dans le palais, et il résolut de marier la princesse leur mère à un homme qui ne fut pas capable de tirer à son préjudice aucun avantage de cette alliance, ni de troubler son règne et son gouvernement. Il lui présenta et il lui fit agréer Tureiohanson, premier sénateur, et grand maréchal du royaume: c'était un homme de bonne maison, qui avait des biens considérables en Suède, et même jusqu'en Danemarck, mais sans valeur et sans courage, plein de vanité, entêté de sa naissance et de ses grands biens, peu estimé des gens de guerre, et qui n'avait pour mérite que la considération de son nom, fort inférieur en ce temps-là parmi les Suédois à la réputation que donnaient les armes et le métier de la guerre.

Gustave résolut ensuite de travailler avec application à abaisser le clergé, qui lui était suspect et odieux par ses grands biens, et par le penchant qu'il conservait toujours pour la domination danoise, pendant laquelle il avait été en grande autorité. L'archevêque Troll persistait dans sa rébellion et dans leur parti;

c'était par son conseil et par son ministère que Fridéric s'était fait couronner roi de Suède, et ce prélat, pour se faire valoir et pour se rendre nécessaire auprès de ce prince, entretenait toujours de secrètes intelligences avec le clergé de Suède. Le roi était bien résolu d'abaisser des gens qui par leur puissance et par leurs cabales avaient toujours troublé le gouvernement et combattu l'autorité du prince, quand ils n'en avaient pas été les ministres et les dépositaires : mais il ne se sentait pas assez affermi pour entreprendre une affaire à laquelle les princes mêmes les plus absolus ne doivent toucher que d'une main timide et délicate.

Il se contenta d'abord de faire remplir les bénéfices vacans ; il fit nommer aux évêchés de Strengnàz et de Westeràhs deux hommes qui lui étaient entièrement dévoués (a), et qui ne pouvaient avoir de crédit et de considération dans le royaume que par sa protection ; il fit dire ensuite aux chanoines d'Upsal, que vu la fuite et la condamnation de leur archevêque, il était à propos qu'ils lui nommassent un successeur : les chanoines, après les procé-

(a) Sommor, Petrus Magni.

dures requises, et toutes les sommations faites à ce prélat de revenir dans le royaume et de se justifier, procédèrent sur son refus, comme sur une abdication volontaire, à une nouvelle élection. Le choix du chapitre, par la recommandation de la cour, qui n'était déjà guère différente d'un ordre absolu, tomba sur Jean Magnus, Suédois de nation : il était savant dans la théologie scholastique, plein de piété, et d'une vie exemplaire, mais timide, peu habile, aimant la retraite et la solitude, sans liaison dans le royaume, et incapable d'entreprendre jamais rien contre le gouvernement.

(*a*) Gustave, par ces différentes nominations, crut avoir assuré le repos de l'état, qui n'était ordinairement troublé que par l'ambition des évêques, et il se flattait que les peuples allaient jouir de la félicité de son règne, lorsque la régence de Lubeck l'engagea dans une affaire qui lui causa beaucoup de dépense et de chagrin.

Severin de Norbi s'était retiré, comme nous avons dit, dans l'île de Gotlande, après la fuite et l'abdication de Christiern : il détestait d'abord hautement la rébellion des Da-

(*a*) An 1325.

nois, et il protesta de faire la guerre indifféremment aux rois Fridéric et Gustave, qu'il traitait d'usurpateurs : ses vaisseaux croisaient continuellement dans la mer Baltique, et ils y faisaient souvent des prises considérables : le succès qu'il avait dans ses courses, la richesse de ses prises, et la facilité d'amasser de grands biens par cette voie, lui firent attaquer ensuite tous les vaisseaux qu'il rencontrait, de quelque nation qu'ils fussent : il donna même retraite dans le port de Visbi, capitale de l'île, à plusieurs corsaires qui infestaient comme lui la mer Baltique. D'amiral de Danemarck il devint lui-même corsaire; il quitta le pavillon de Christiern, il prit la qualité de prince de Gotlande, il se disait ami de Dieu, et ennemi de tout le monde, et il se vantait insolemment de ne relever que de Dieu et du soleil.

Les marchands de Lubeck faisaient tout le commerce de la Suède à l'exclusion des autres nations, conformément au traité que la régence avait fait avec le secrétaire de Gustave; les magistrats de cette ville avaient associé à leur privilége les villes anséatiques de Dantzick, de Hambourg, de Rostock, de Wismar, et de Lunebourg : Norbi et les autres corsaires ruinaient leur commerce ; ils ne pouvaient mettre un vaisseau en mer qu'il ne fût enlevé. La régence de Lubeck, qui n'était la plupart composée que des principaux marchands de cette ville, intéressée dans ces pertes, eût bien voulu faire la guerre à Norbi, et le chasser de son île ; mais ces républicains craignaient la dépense et le succès de la guerre : ils jetèrent les yeux sur Gustave, et ils lui dépêchèrent un de leurs principaux magistrats pour l'engager dans cette affaire, sous prétexte que l'île de Gotlande était un ancien fief de la couronne de Suède. Ils choisirent pour cette ambassade un ancien consul de la ville, appelé Herman : c'était un homme fin et adroit, qui sous la simplicité et la candeur apparente d'un bon marchand, cachait une profonde dissimulation et toute la souplesse d'un habile négociateur.

Cet ambassadeur étant arrivé à Stockholm, félicita d'abord Gustave, de la part de ses maîtres, sur la gloire et sur la prospérité de son règne ; il lui fit ensuite des plaintes des brigandages de Norbi ; il lui dit que la régence aurait déjà porté ses armes dans la Gotlande, pour en chasser ce corsaire, si elle n'avait été bien instruite que cette île appartenait à la couronne de Suède : que tout le nord était surpris qu'un prince victorieux, et aussi puissant que lui, souffrît que des corsaires en fissent leur retraite ; que les vaisseaux de ces pirates tenaient même la Suède comme assiégée ; qu'il était de sa gloire et de son intérêt de rendre la mer libre, s'il voulait faire fleurir le commerce dans son royaume ; et sur-tout qu'il lui était de conséquence de se rendre maître de cette île, qui couvrait en partie toutes les côtes de Suède.

Gustave n'ignorait pas les prétentions qu'il avait sur cette île, et combien même elle était à sa bienséance ; mais il ne trouvait pas à propos de s'engager dans une guerre étrangère, et de porter ses armes hors du royaume au commencement de son règne, et dans un temps où il pouvait craindre quelque surprise et une descente dans ses états de la part de Christiern : d'ailleurs il n'avait point de fonds pour fournir aux frais de cet armement ; ni pour soutenir la guerre, si Norbi se défendait plus long-temps qu'on ne croyait, ou que le roi de Danemarck prît son parti, et s'intéressât dans cette affaire ; il comprit même sans peine que ces villes marchandes ne le faisaient solliciter si puissamment d'entreprendre cette guerre, que pour la sûreté de leur négoce, et par l'avantage considérable qu'elles tiraient du commerce de la Suède.

Il répondit à l'ambassadeur de Lubeck, qu'il n'était pas d'humeur à courir indifféremment comme un aventurier à toutes sortes d'entreprises : que sa présence était nécessaire dans son royaume, et qu'il voulait même laisser goûter à ses peuples la douceur de la paix qu'il venait de leur procurer par le succès de ses armes ; il ajouta qu'il n'ignorait pas les droits incontestables de la couronne de Suède sur l'île de Gotlande : mais que le roi de Danemarck y avait aussi quelques prétentions ; que ce prince ne manquerait pas de s'opposer à son entreprise ; et qu'il voulait terminer à l'amiable ce différent avec Fridéric, avant que d'en chasser Norbi et les autres corsaires.

L'ambassadeur sentit bien, sous cette réponse, que Gustave souffrait impatiemment que ses maîtres fissent seuls le commerce de son royaume, et sur-tout sans payer aucuns droits, et que ce prince habile voulait à son tour tirer avantage du besoin qu'ils avaient de ses armes ; il vit qu'il fallait faire quelques avances pour l'engager ; il lui offrit, de la part des villes anséatiques, une flotte pour passer ses troupes dans l'île ; que la régence de Lubeck n'exigerait de cinq ans le paiement des sommes qui lui étaient dues par la Suède ; et qu'en cas qu'il ne se rendît pas maître de cette île, elle partagerait tous les frais de cette expédition : il ajouta que les villes anséatiques associées à celle de Lubeck tiendraient la mer avec une puissante flotte, pour empêcher les Danois de le troubler dans son entreprise, et que si le roi Fridéric s'obstinait à lui disputer la propriété de cette île, la régence se faisait fort de lui procurer en mariage la princesse Dorothée, fille de ce prince, avec toutes ses prétentions sur la Gotlande pour dot.

Herman publia à la cour et parmi le peuple les propositions plausibles qu'il faisait au roi, afin d'intéresser les Suédois dans le succès de sa négociation ; il insinua même adroitement à quelques sénateurs que si Gustave ne prenait ce parti, les villes anséatiques seraient contraintes d'avoir recours au roi de Danemarck, et de joindre leurs forces à celles de ce prince pour chasser les corsaires de cette île ; il gagna en même temps plusieurs marchands qui servaient de correspondans à ceux de Lubeck, et qui étaient intéressés comme eux dans les prises que faisaient les vaisseaux de Norbi. Cet habile négociateur se fit un parti dans le sénat et parmi le peuple de Stockholm, dans un temps où les Suédois étaient encore en possession de dire leur avis sur des affaires d'état. La populace, gagnée et prévenue par les émissaires de cet ambassadeur, et accoutumée pour ainsi dire par les victoires continuelles de Gustave à le croire invincible, criait jusques aux portes du palais que c'était une honte à la Suède de souffrir si long-temps les brigandages de ces pirates ; qu'ils ruinaient tout le commerce du royaume, et qu'on ne pouvait mettre une barque en mer qu'ils ne l'enlevassent souvent jusque sous le canon du château : il y eut même quelques seigneurs des principaux du royaume, qui, voyant que Gustave balançait encore à entreprendre cette guerre, ne purent s'empêcher de lui dire que l'administrateur Suante n'aurait jamais souffert ces corsaires si près de ses états.

Gustave, irrité de ce reproche qui semblait

l'accuser de faiblesse et de lâcheté, leur répondit d'un ton plein de colère que ni ses amis, ni ses ennemis ne l'avaient jamais soupçonné de manquer de courage; qu'il se rendait à leur avis et à leur empressement; mais cependant qu'il n'augurait rien de bon de cette expédition : il signa le traité, l'ambassadeur y souscrivit de son côté, en vertu d'un plein pouvoir dont il était chargé, et s'en retourna à Lubeck pour faire avancer la flotte des villes anséatiques, suivant qu'il en était convenu avec Gustave.

Ce ne furent cependant ni les murmures du peuple, ni les reproches de la noblesse, qui engagèrent ce prince dans cette guerre : il avait déjà établi trop solidement son autorité pour avoir rien à craindre du mécontentement de ses sujets; la crainte seule que les villes anséatiques ne traitassent avec les Danois à son refus l'engagea dans cette entreprise : il savait bien que Norbi ne pouvait pas résister à toutes les forces de la Suède, quand il n'aurait rien à craindre d'ailleurs qui l'empêchât de porter ses armes dans l'île de Gotlande; mais il n'aurait pas été si aisé d'en chasser les Danois, si une fois ils s'en étaient rendus maîtres. Il assembla dans cette vue une partie de ses troupes, il les fit filer sans bruit vers le port de Calmar, qui regarde l'île de Gotlande; il fit même fondre tous les vases et les meubles d'argent du palais, afin de fournir aux frais de cette guerre, et se rendit à Calmar pour y recevoir les vaisseaux de Lubeck; il y fit embarquer ses troupes, et il donna le commandement et toute la conduite de cette entreprise à Bernard de Milen.

Ce général fit sa descente et débarqua sans peine à la tête de huit mille hommes : il se rendit maître de toute la Gotlande en moins de quinze jours, à l'exception de Visbi, capitale de l'île, qui était la seule place fortifiée, et qu'il assiégea étroitement. Norbi, surpris d'une attaque imprévue, et ne se sentant pas en état de résister à la puissance du roi de Suède, arbora les armes de Frideric sur le haut de la ville, afin de commettre ces deux princes l'un contre l'autre, et il dépêcha en même temps une de ses créatures au roi de Danemarck, pour lui dire qu'il était prêt de le reconnaître pour son souverain, s'il voulait lui fournir du secours pour résister aux Suédois.

Fridéric fut charmé de cette proposition : les conquêtes de Gustave lui donnaient de l'inquiétude, quand même il n'aurait pas regardé la Gotlande comme une dépendance de la couronne de Danemarck; et il était de son intérêt, suivant la politique de tous les souverains, d'empêcher l'agrandissement d'un prince voisin : il eût bien voulu profiter de l'offre de Norbi, et lui envoyer du secours; mais la flotte de Lubeck et des autres villes anséatiques tenait la mer, et il craignait de s'engager en une guerre étrangère dans un temps où il avait toujours lieu d'appréhender une descente de la part de Christiern, à qui l'empereur avait accordé solennellement sa protection.

Il aima mieux tenter la voie de négociation; il dépêcha un ambassadeur à Lubeck, qui se plaignit des entreprises du roi de Suède, et qui pria la régence d'interposer sa médiation pour faire retirer les troupes de ce prince d'une île qui lui appartenait. Fridéric n'ignorait pas le traité que cette ville avait fait avec Gustave, mais il voulait essayer de le faire rompre, et pour y réussir il fit représenter par son ambassadeur à la régence l'intérêt qu'elle avait de ne pas souffrir que la Suède devînt plus puissante ; que Gustave était un prince entreprenant, courageux, et plein d'ambition, qui ne mettrait point de bornes à ses conquêtes, si ses voisins ne s'unissaient de bonne heure pour lui résister : que l'île de Gotlande appartenait légitimement à la couronne de Danemarck, et que Norbi n'en était en possession que parce que le roi Christiern II lui en avait confié le gouvernement ; et que ce gouverneur étant rentré dans son devoir, il ne pouvait se dispenser de le secourir comme son sujet, et de défendre cette île comme un domaine de sa couronne ; que cependant il remettrait volontiers tous ses droits au jugement des villes anséatiques, plutôt que de renouveler la guerre dans le nord, et qu'il consentirait même que la Gotlande fût mise en sequestre entre les mains de la régence de Lubeck jusqu'au jugement définitif de cette affaire.

La régence fut éblouie d'une proposition si plausible : elle se voyait à couvert par là des pirateries de Norbi, et exempte en même temps de tenir une flotte en mer pour couvrir les conquêtes du roi de Suède ; et d'ailleurs, le séquestre la flattait extrêmement : elle aimait beaucoup mieux faire les frais d'entretenir une garnison dans l'île de Gotlande, que d'en voir Gustave en possession, qui s'en serait peut-être servi un jour pour troubler leur commerce, et pour se rendre plus redoutable dans la mer Baltique. Les magistrats de cette ville firent un traité secret avec l'ambassadeur de Fridéric, par lequel ils s'engageaient de laisser passer le secours qu'il voudrait jeter dans Visbi, et ils convinrent qu'il enverrait ensuite un ambassadeur à Gustave pour se plaindre de son invasion dans l'île de Gotlande, et que cet ambassadeur serait suivi de ceux des villes anséatiques qui offriraient leur médiation, avec protestation de se déclarer contre celui de ces princes qui la refuserait.

Le roi de Danemarck fit embarquer des troupes, qui, par la connivence de ceux de Lubeck, entrèrent sans peine dans Visbi; il fit partir un ambassadeur pour Stockholm, qui se plaignit à Gustave, de la part du roi son maître, qu'il eût assiégé une place qui lui appartenait, sans lui avoir auparavant déclaré la guerre : en même temps arrivèrent les ambassadeurs des villes anséatiques, qui proposèrent une trève entre les deux partis; ils demandèrent une entrevue des deux rois à Malmogen; ils offrirent d'y intervenir comme médiateurs de la part de leurs maîtres, et ils exigèrent cette entrevue d'une manière qui ne laissait que ce parti-là à prendre, ou celui d'une guerre ouverte et déclarée.

Gustave, surpris de l'apparence d'une ligue formée contre lui, fut contraint de consentir à la trève et à cette entrevue. Fridéric, qui était maître de la ville de Malmogen, lui envoya pour sa sûreté quatre sénateurs, et six autres seigneurs de Danemarck des plus considérables du royaume, qui devaient demeurer en otage à Stockholm durant la conférence des deux rois. Gustave eût bien voulu se défendre de cette démarche; mais la crainte de s'attirer une ligue aussi puissante que celle des villes anséatiques l'y détermina; et d'ailleurs le désir et l'espérance de se faire reconnaître par les Danois mêmes dans cette conférence pour souverain légitime de Suède, l'emportèrent sur la crainte de quelque infidélité. Il se rendit à Malmogen, accompagné du grand maréchal Tureiohanson, et de deux autres sénateurs, après avoir pris de nouveau un sauf-conduit de Fridéric et la caution des villes anséatiques pour sa sûreté, si cependant il y en peut jamais avoir pour un roi qui passe dans le royaume et sous la puissance de ses ennemis.

(*a*) On traita dans l'assemblée des prétentions réciproques des deux couronnes sur l'île de Gotlande ; l'affaire fut agitée de part et d'autre avec beaucoup de chaleur ; chaque parti produisit de différens titres. Bildius, grand-maître de la maison du roi de Danemarck, et Tureiohanson pour Gustave, soutinrent chacun les droits de leurs maîtres ; mais le grand maréchal trahit la cause et les intérêts de la couronne de Suède dans la suite de la conférence : ce seigneur ne regardait qu'avec une secrète envie le bonheur et la puissance de Gustave, et il avait peine à souffrir pour maître un homme que peu de temps auparavant il avait vu son égal. Il se laissa gagner par Fridéric, dont il relevait à cause des grands biens qu'il avait en Danemarck : ce prince le fit menacer de l'en dépouiller s'il s'obstinait trop opiniâtrément contre le grand-maître. Tureiohanson, depuis cette menace,

(*a*) An 1525, septembre.

ne se défendit que faiblement; il feignit même un rhume et une toux violente pour se dispenser de parler. Gustave à son défaut ne laissa pas de montrer avec beaucoup de force et d'éloquence que cette île avait toujours fait partie du royaume de Suède, et que les Danois n'y étaient entrés qu'à la faveur du traité de Calmar, et qu'en qualité de rois de Suède; que personne n'ignorait que le roi Albert l'avait engagée aux chevaliers teutoniques pour la somme de vingt mille nobles à la rose; que la reine Marguerite avait mis un impôt particulier sur la Suède pour la retirer; que le roi Eric, son neveu et son successeur, s'y était retiré après son abdication, et que ce prince l'avait livrée aux Danois au préjudice de la couronne de Suède. Gustave, par la force de ses raisons, réduisait les Danois au silence; mais les ambassadeurs des villes anséatiques, qui ne voulaient pas qu'on décidât rien sur cette affaire, en renvoyèrent le jugement à la régence de Lubeck, sous prétexte de terminer à l'amiable ce différent : ils voulaient même que le roi de Suède fît retirer ses troupes, et que la ville de Lubeck mît garnison dans Visbi, suivant le traité secret qu'ils avaient fait avec l'ambassadeur de Fridéric; mais Gustave s'y opposa avec fermeté; il protesta qu'il romprait plutôt la conférence et la paix que d'abandonner ses conquêtes : et le roi de Danemarck, qui n'avait proposé le séquestre que pour leurrer ceux de Lubeck, et qui d'ailleurs avait jeté une bonne garnison dans Visbi, consentit sans peine que chacun demeurât dans l'état où il se trouvait jusqu'au jugement définitif de la régence.

Ces deux princes, malgré leurs différens, ne laissèrent pas de se donner des marques réciproques d'estime et de considération : ils firent même une ligue offensive et défensive contre Christiern; un intérêt commun les unit dans cette occasion, on ne parla point du traité de Calmar : les deux rois se promirent une amitié sincère, quoique leurs royaumes fussent pour ainsi dire ennemis. Gustave prit ensuite congé de Fridéric, et en sortant de Malmogen rencontra l'ambassadeur de Lubeck (*a*) qui l'avait engagé dans l'entreprise de Gotlande. Ce prince, irrité de la perfidie de ceux de Lubeck, naturellement fier et plein de feu, l'arrêta et lui demanda avec un ton

(*a*) Herman.

irrité ce qu'étaient devenus le traité et les promesses magnifiques de ses maîtres ; il mit en même temps la main à son poignard comme pour le tuer ; mais un des sénateurs qui l'accompagnaient se jeta au-devant, et l'ambassadeur s'enfuit. Gustave rentra sur ses terres et dans son royaume, et dit à ceux qui le suivaient, qu'il n'en sortirait jamais qu'à la tête d'une armée.

Quelques sénateurs, et ceux des officiers de son armée qui avaient le plus de part à sa confiance, prirent cette occasion pour le conjurer de ne plus différer la cérémonie de son couronnement; ils lui dirent qu'il était bien difficile que le succès de ses armes et l'éclat de ses victoires n'excitassent la jalousie de ses voisins, et peut-être même l'envie secrète des principaux de ses sujets : que les uns et les autres ne le souhaitaient ni si heureux ni si puissant; que plusieurs seigneurs suédois avaient encore peine à le regarder comme leur roi, sous prétexte qu'il n'avait pas été couronné : ils lui dirent que c'était une cérémonie absolument nécessaire pour consacrer sa royauté, et même pour faire perdre à ses envieux et à ses ennemis secrets l'espérance qu'il pût jamais arriver aucun changement dans sa fortune.

Gustave n'ignorait pas combien cette cérémonie était essentielle dans un royaume électif; mais cependant il ne pouvait s'y résoudre qu'il n'eût auparavant fait réussir des desseins secrets qu'il croyait nécessaires au bonheur de son règne et à l'établissement de son autorité. Il était à la vérité reconnu pour roi, il avait la disposition des troupes et des armées; mais il se voyait sans fonds pour soutenir la guerre; le domaine était aliéné ou usurpé; l'usage des impôts passait pour tyrannique; le peuple était réduit à une extrême misère, et la noblesse épuisée par la longueur de la guerre; le clergé au contraire était riche et puissant, et les évêques sur-tout s'étaient rendus maîtres des principales forteresses, et d'une partie même du domaine et des droits de la couronne; il savait que ces prélats exigeaient toujours du prince avec grand soin, le jour de son couronnement, des sermens solennels de les conserver dans tous leurs priviléges; et bien loin de prêter ce serment, il était résolu de révoquer tous ces priviléges, qu'il regardait comme des concessions forcées, et comme autant d'usurpations sur les droits du souverain.

Il remercia cependant fort obligeamment ces seigneurs du zèle qu'ils faisaient paraître pour ses intérêts ; mais il leur dit que la cérémonie de son couronnement ne se pouvait faire sans de grandes dépenses, et que l'état avait des besoins plus pressans, et auxquels il fallait pourvoir incessamment ; qu'il apprenait que le parti et les forces de Christiern grossissaient tous les jours ; que l'empereur paraissait résolu de remettre lui-même ce prince en possession de ses états ; qu'il était incertain si ces princes feraient leur descente en Suède ou en Danemarck, et qu'on avait également besoin d'une armée de terre et de mer pour s'opposer à leurs entreprises ; qu'il n'avait cependant aucuns fonds pour faire ces levées et l'armement nécessaire ; qu'on n'ignorait point qu'il avait engagé tous les biens de sa maison pour chasser les Danois du royaume ; qu'il venait même de faire fondre jusqu'à l'argenterie de la couronne au sujet de l'entreprise de Gotlande, qu'on croyait si nécessaire pour la sûreté et pour la liberté du commerce; qu'au reste il ne pouvait comprendre comment dans la misère du peuple et dans la pauvreté de la noblesse, épuisée par de si longues guerres, on pourrait dorénavant ne pas demander du secours au clergé, qui possédait lui seul plus de la moitié des biens du royaume, et qui se faisait peut-être encore un mérite secret auprès de Christiern de ne pas contribuer à la défense de l'état. Il ne voulut pas alors s'expliquer plus clairement, et il se contenta en les quittant de leur dire que c'était à ses amis et à ceux principalement qui l'avaient porté sur le trône à lui procurer l'autorité nécessaire pour s'y maintenir avec gloire, au lieu de le flatter du spectacle d'une vaine cérémonie.

Ce prince s'ouvrit ensuite plus particulièrement au chancelier Larz Anderson : c'était un homme d'une naissance obscure, mais plein d'ambition, d'un génie élevé et de beaucoup d'étendue, habile et éloquent, hardi dans le conseil, fertile en expédiens, et toujours rempli de grands desseins : il était entré d'abord dans l'ordre ecclésiastique ; ses amis et sa capacité lui avaient procuré la dignité d'archidiacre dans l'église de Strengnäz, et il eut même quelques voix dans une élection pour l'épiscopat ; mais trouvant ce chemin long et pénible pour s'élever, il se jeta dans les affaires, et s'attacha à la cour, où il ne fut pas long-temps sans se faire connaître et estimer de Gustave. Ce prince le trouvant savant dans les lois du pays, et l'esprit aigri contre le clergé de l'exclusion qu'il avait eue pour l'épiscopat, résolut de se servir de lui dans le dessein où il était d'abaisser un corps qui lui était suspect et redoutable : il lui donna beaucoup de part dans sa confiance, et il l'éleva même à la dignité de chancelier. Gustave, se voyant pressé de se faire couronner, lui dit qu'il ne se croirait jamais véritablement roi qu'il ne fût maître de toutes les forteresses des évêques, et qu'il n'eût réuni à son domaine les biens et les droits de la couronne que ses prédécesseurs en avaient aliénés en faveur des religieux et du clergé ; mais il lui avoua en même temps qu'il craignait que cette entreprise ne causât de nouveaux troubles dans l'état, et que les Suédois, prévenus par le clergé, ne lui fissent un crime de religion de toucher à des biens que le peuple appelait consacrés à Dieu, quoiqu'en effet ils ne fussent consacrés qu'à des gens oisifs, remplis de luxe et de vanité, et toujours prêts à sacrifier le bien de l'état à leur ambition.

Anderson, qui était imbu des nouvelles opinions de Luther, et qui peut-être ne prenait les religions différentes que pour des opinions de philosophie, entreprit en courtisan habile, et aux dépens de sa conscience et de la religion, de confirmer son maître dans un dessein qu'il apercevait lui être agréable. Il lui dit qu'il ne devait pas se faire un scrupule de prendre dans les biens ecclésiastiques les secours nécessaires pour défendre le royaume, quand même le clergé aurait acquis ces biens par des fondations et des legs pieux; que l'église ne renfermait pas les seuls ecclésiastiques, mais tout le corps des fidèles; qu'on n'ignorait pas que dans la primitive église, et dans ces temps heureux où le nom d'église était commun à toute l'assemblée des chrétiens, les peuples étaient tous ensemble maîtres des biens qui s'appellent à présent ecclésiastiques, et qu'ils employaient ces biens à l'utilité commune, et sur-tout au soulagement des pauvres; que les ecclésiastiques s'étaient ensuite approprié le nom d'église pour pouvoir sous ce titre se rendre maître plus facilement de ces biens, dont tout au plus ils n'étaient que les dispensateurs et les économes; que les biens du reste des chrétiens ne devaient pas être moins considérés comme biens de l'église que les biens du clergé; que ce corps ne faisait certainement que la plus petite partie de l'église, et qu'il devait contribuer au bien de l'état à proportion qu'il en tirait d'utilité.

Qu'il convenait cependant, qu'il fallait des prétextes plus plausibles même que le bien de l'état pour empêcher que les peuples, à qui le clergé et les religieux font toujours regarder les entreprises sur leur temporel comme autant d'attentats sur la religion, ne pussent remuer; que pour les guérir de leurs prétentions il devait profiter de la réforme de Luther qui commençait à faire beaucoup de progrès dans le royaume; qu'à la faveur de cette doctrine, qui attaquait également la puissance temporelle et les richesses excessives du clergé, il pourrait dans la suite s'emparer des forteresses des évêques, et réunir à son domaine tous les biens que ses prédécesseurs en avaient aliénés avec plus de zèle que d'habileté.

Que le pape Léon X avait à la vérité condamné Luther, mais qu'on savait bien que ce docteur célèbre n'était odieux à la cour de Rome que parce qu'il avait été assez hardi pour en reprendre publiquement les abus et la corruption; qu'après tout, ses opinions, qui pouvaient passer pour indifférentes à l'égard des autres nations tant que l'église ne se serait pas expliquée dans un concile général, étaient cependant de la dernière importance pour l'établissement de son autorité en Suède et pour le succès de ses desseins.

Que les peuples, prévenus par les docteurs luthériens, verraient avec plaisir dépouiller le clergé et les moines de leurs grands biens, sur-tout si on prenait soin en même temps de diminuer les charges et les impôts; qu'il n'y avait qu'à rendre aux gentilshommes les terres qui venaient de la fondation de leurs pères, et qu'ils ne seraient pas tentés de s'opposer à une doctrine qui ferait rentrer de si grands biens dans leurs maisons; que la plupart des religieux regardaient leurs couvens, tout magnifiques qu'ils étaient, comme d'affreuses prisons, et qu'il y en aurait plusieurs qui en sortiraient avec plaisir pour embrasser une religion qui les remettrait dans tous les droits de la société civile; que les ecclésiastiques du second ordre seraient ravis d'être dispensés des vœux du célibat, et que la plupart quitteraient avec plaisir un concubinage scandaleux pour un mariage légitime; que les évêques seuls, comme plus puissans et plus intéressés dans ce changement, pourraient s'y opposer, mais qu'heureusement on n'était plus au règne du roi Canutson, et qu'il n'y avait plus d'évêques en Suède en état de faire la guerre à leur souverain; qu'il ne savait pas même s'il ne lui serait pas avantageux que ces prélats persistassent opiniâtrément dans l'ancienne religion; qu'ils étaient en petit nombre dans le royaume; qu'il serait aisé, sous différens prétextes, de s'en défaire et de les bannir, au lieu que, s'ils embrassaient le luthéranisme, ils pourraient prétendre en se mariant de séculariser leurs évêchés, et les ériger en principautés séculières; ce qui le priverait du principal fruit qu'il espérait tirer de l'établissement du luthéranisme dans son royaume.

Qu'après tout l'archevêque Jean Magnus, primat du royaume, était un homme timide, irrésolu, sans alliance et sans crédit en Suède, et qui se tiendrait bien heureux d'obtenir, aux dépens d'une partie de ses biens, la liberté de n'être pas de la religion dominante; que les nouveaux évêques de Strengnàz et de Westeràhs, à qui il venait de procurer ces deux riches bénéfices, n'avaient ni naissance ni assez de crédit parmi leurs peuples pour oser résister à ses volontés; que les évêques de Wexiò et d'Abo ne savaient guère de quoi il était question entre les catholiques romains et les luthériens, et qu'il était bien assuré qu'ils avaient peu d'envie de s'en instruire; que ces bons prélats étaient sans aucune littérature; qu'ils ne seraient sensibles qu'à la diminution de leurs revenus, mais qu'ils avaient donné trop de prise sur eux par leur conduite peu régulière pour s'opposer aux projets du souverain, et qu'ils prendraient sans peine tous les partis qu'on leur proposerait, hors celui de quitter leurs plaisirs; qu'ainsi il ne restait presque que les évêques de Linkiòping et de Skara qui pussent traverser ses desseins; que c'étaient à la vérité deux hommes entêtés de leur dignité, jaloux de leurs moindres droits, opiniâtres, toujours enclins au parti des Danois, malgré les cruautés de Christiern, et qui se feraient surtout un mérite aux yeux du peuple de la défense de la religion, mais qu'il serait aisé, quand le luthéranisme aurait été reçu une fois dans les états à la pluralité des voix, de faire un crime d'état à ces évêques de leur résistance, et de les bannir ensuite du royaume avec tous ceux qui paraîtraient les plus attachés à l'ancienne religion; qu'après tout il n'ignorait pas que les commencemens des règnes et des empires n'étaient jamais sans de grandes difficultés, mais qu'il savait bien aussi que les princes mêmes que les peuples ne souffraient d'abord qu'avec peine pour maîtres, en étaient à la fin considérés comme pères de la patrie.

Gustave goûta sans peine des raisons qui étaient conformes au plan secret qu'il avait formé pour assurer sa domination. Ce prince, voyant bien que le crédit de l'empereur empêcherait toujours le pape de se déclarer en sa faveur, crut qu'il était à propos de ruiner son autorité en Suède, et que rien n'y était plus propre que le luthéranisme. Il se laissa aisément prévenir en faveur de ces nouvelles opinions, qu'il ne regardait peut-être même que comme l'effet de quelques disputes de théologiens, et il se persuada en même temps qu'il pouvait justement embrasser le parti qui se trouvait le plus favorable à l'établissement de l'autorité royale, que la plupart des souverains ne distinguent jamais ou ne veulent jamais distinguer du bien de l'état.

Ce prince se serait volontiers déclaré en faveur du luthéranisme; mais ce n'était pas assez pour l'entier succès de ses desseins qu'il changeât de religion; il aurait même été dangereux qu'il en eût changé si promptement: il fallait, dans le commencement d'une autorité naissante, que ce changement commençât par le peuple, et que le prince ne parût ensuite embrasser cette doctrine que par conformité et même par complaisance pour ses sujets: mais tous les Suédois n'avaient pas le même penchant pour les nouvelles opinions que ce prince, ni un intérêt si pressant à changer de religion. Gustave comprit bien que ce changement ne serait pas l'ouvrage d'une seule année; il prévit même de grandes difficultés dans l'exécution de ce dessein.

Il n'ignorait pas qu'il y aurait un grand nombre de seigneurs dans le royaume, et même dans sa cour, qui s'opposeraient à son entreprise, et qui se détacheraient de ses intérêts au moindre signe qu'il ferait paraître de vouloir abolir l'ancienne religion. Mais d'un autre côté ce prince ne pouvait se résoudre à se voir chargé du soin et de la défense de l'état, pendant que les meilleures forteresses, les droits de la couronne, et la plus grande partie des biens du royaume, étaient entre les mains de gens qui ne s'en servaient souvent que pour combattre l'autorité souveraine, et pour favoriser les ennemis de la nation. Il semble qu'il aima mieux s'exposer à une guerre civile, et hasarder même sa couronne, que de régner avec tant de dépendance, ou plutôt il se vit si puissant et si révéré des peuples qu'il ne douta pas qu'il ne pût sans péril réunir à son domaine une partie des biens du clergé, sous le prétexte spécieux d'une réforme et du bien de l'état.

Gustave se conduisit dans un dessein si

important et dans une affaire si délicate en homme habile et en grand politique; il cacha avec un soin extrême ses sentimens sur les nouvelles opinions de Luther, mais en même temps il donna un ordre secret au chancelier Anderson de protéger comme à son insu Olaüs Petri et les autres docteurs luthériens, et même d'en attirer des universités d'Allemagne, afin que le luthéranisme se répandît plus promptement dans tout le royaume.

Olaüs et les autres luthériens, assurés de la protection du chancelier, travaillaient avec soin à établir leur doctrine; ils l'exposaient tous les jours dans leurs sermons avec un zèle et une ardeur inconcevables. La plupart de ces nouveaux docteurs avaient l'avantage de la science et de l'éloquence sur le clergé, et même certain air de régularité que donnent et qu'inspirent toujours les premières ferveurs d'une nouvelle religion; ils étaient écoutés avec plaisir par le peuple, qui court toujours après les nouveautés qui ne lui ôtent rien et qui ne tendent qu'à abaisser les supérieurs, et une apparence de faveur qui se répandait imperceptiblement sur ces ministres leur attirait l'attention et la complaisance des courtisans et de la première noblesse, qui ne voyaient encore que les prélats attaqués.

Pendant que ces docteurs prêchaient publiquement le luthéranisme, Gustave de son côté cherchait avec application différens prétextes pour ruiner la puissance temporelle des évêques et du clergé. Il attaqua d'abord les ecclésiastiques du second ordre; il rendit successivement plusieurs déclarations contre les curés et en faveur du peuple, afin d'intéresser les séculiers contre le clergé, et pour accoutumer insensiblement les peuples à voir dépouiller les ecclésiastiques de la plupart de leurs droits.

Les curés dans ce royaume tiraient, pour ainsi dire, tribut de certains péchés publics: ils exigeaient avec beaucoup de rigueur des amendes considérables de ceux qui allaient à la chasse ou à la pêche pendant le service divin, ou qui avaient abusé de leurs fiancées avant la célébration solennelle du sacrement de mariage (*a*). Le roi rendit une déclaration qui abolissait ce droit, et qui défendait aux curés d'exiger dans la suite ces sortes d'impôts; ce prince fit publier une autre déclara-

(*a*) Loccenius, Puffendorf.

tion qui leur défendait d'employer contre leurs ennemis particuliers ou contre leurs créanciers les foudres de l'église. Les évêques et leurs officiaux avaient fort étendu la juridiction ecclésiastique ; ils tiraient à eux toutes les affaires du royaume sur le moindre rapport qu'elles avaient à la religion ; un serment fait dans un traité, l'intervention souvent mendiée d'un ecclésiastique, la moindre dispute sur un contrat de mariage, faisaient sortir une affaire des tribunaux ordinaires, ce qui rendait le clergé puissant et redoutable. Gustave cassa absolument cette juridiction, sous prétexte que la discussion des procès ne convenait pas avec la fonction ordinaire des ecclésiastiques, et il ordonna par la même déclaration au clergé de se pourvoir, pour ses propres affaires, devant les juges séculiers, à qui il renvoya la connaissance et le jugement de tous les procès.

Enfin il rendit une dernière déclaration contre les évêques, qui leur défendait expressément de s'approprier davantage les biens et la succession des ecclésiastiques de leurs diocèses au préjudice de leurs légitimes héritiers, et il ordonna à ces prélats de représenter devant le sénat les titres en vertu desquels ils exigeaient les droits d'amende et de confiscation. Ce prince faisait succéder ces déclarations l'une à l'autre, et elles ne paraissaient qu'à proportion du progrès que faisait le luthéranisme. La conduite du roi excitait la curiosité et attirait l'attention de tous les Suédois ; chacun en parlait suivant son intérêt ou son inclination. Les seigneurs et les gentilshommes, sans se mettre fort en peine de la doctrine nouvelle qu'on leur prêchait, savaient bon gré à Gustave d'affaiblir la puissance du clergé qui leur était odieuse, et quelques-uns même des plus considérables du royaume se déclaraient déjà hautement pour les luthériens, dans la vue de se ressaisir, à la faveur de cette doctrine, des biens que leurs ancêtres avaient donnés pour la fondation de tant de riches monastères dont le royaume était rempli.

Ceux même d'entre le peuple qui avaient quelque connaissance des affaires du monde n'étaient pas fâchés que la puissance du clergé fût modérée, ou du moins qu'on abolît une partie de tant d'extorsions dont on disait que l'invention venait de la cour de Rome, et que l'on couvrait du nom de dîmes, d'indulgences, et d'aumônes, et ils voyaient surtout avec plaisir que le prince mettait ordre aux vexations que les officiaux et les autres ministres des évêques faisaient dans tout le royaume sous le nom spécieux de correction et de jugement ecclésiastique.

Mais le clergé et les religieux souffraient impatiemment qu'on donnât atteinte à leur autorité, ou qu'on les troublât dans la possession de leurs priviléges. Le roi, sans s'embarrasser de leur mécontentement, mit ses troupes en quartier d'hiver sur leurs terres, ce qu'aucun de ses prédécesseurs n'avait osé entreprendre, et il fit même loger la cavalerie jusque dans les abbayes et dans les monastères, sous prétexte que les paysans étaient ruinés, mais en effet pour contenir les moines par la présence et par la terreur de ses soldats. Ses officiers de justice mirent en cause et attaquèrent ensuite par son ordre les chartreux du riche monastère de Griphysholme qui reconnaissaient les ancêtres de ce prince pour leurs fondateurs : on obligea ces religieux de justifier la donation ou l'acquisition des grands biens dont ils jouissaient. Les chartreux, se trouvant dépourvus de titres, eurent recours à la prescription; ils représentèrent qu'ils tenaient la plupart de leurs biens de la piété des seigneurs de Wasa, mais qu'ils en avaient perdu les titres pendant la confusion et le désordre des guerres civiles. Le roi, sans s'arrêter à la prescription, fit réunir à son domaine particulier les biens de ce monastère qui venaient de sa maison; il chassa même ces moines de leur couvent, sous prétexte qu'il était bâti sur ses terres; peut-être y avait-il du ressentiment de ce qu'ils avaient refusé de le recevoir dans leur maison pendant la persécution de Christiern; peut-être aussi que c'était pour pressentir le goût du peuple, et pour faire naître en même temps dans l'esprit de la noblesse le dessein de rentrer, à son exemple, dans les fondations de leurs pères.

Les docteurs luthériens, pour faire leur cour, disaient hautement aux principaux seigneurs du royaume qu'ils étaient trop longtemps les dupes du clergé et des moines; que le purgatoire leur coûtait les biens les plus solides de leurs maisons; qu'à la faveur de cette pieuse fraude, les moines sur-tout leur avaient enlevé ces grandes terres dont ils jouissaient si mollement ; qu'ils devaient rentrer dans leur ancien patrimoine comme dans un bien usurpé, sans s'effrayer d'un feu imaginaire, et sans se laisser persuader que les prières ni le chant de quelques moines fussent capables d'en adoucir la rigueur, quand même il y aurait un purgatoire.

Olaüs publia en même temps une version suédoise du Nouveau Testament, et cette version n'était qu'une traduction de celle que Luther venait de faire imprimer en allemand. Les disciples d'Olaüs recommandaient la lecture de cet ouvrage dans leurs sermons ; ils en vantaient la nécessité et le mérite, et ils répandirent avec grand soin ce livre dans tout le royaume, dans la vue que le peuple, et particulièrement les femmes, seraient ravies de pouvoir juger par elles-mêmes des différens de la religion, et qu'elles se laisseraient bien plutôt prendre à l'autorité de quelques passages traduits conformément à la doctrine qu'on leur prêchait, qu'elles ne songeraient à révoquer en doute la fidélité de la traduction.

Les évêques de Suède ne doutèrent point

que la version d'Olaüs ne partît de la même main qui venait d'attaquer leurs priviléges : ils aperçurent qu'on n'attaquait la religion que pour ruiner ensuite leurs dignités ; ils voyaient dans la conduite du roi une suite de projets et de desseins auxquels il leur paraissait bien difficile de s'opposer. Cependant, comme ce prince cachait avec soin son penchant pour le luthéranisme, et qu'il faisait toujours à l'extérieur profession de la religion catholique, ces prélats crurent qu'ils ne pouvaient, sans l'offenser, témoigner qu'ils le soupçonnassent d'être ennemi de la religion.

Ils jugèrent qu'ils devaient dissimuler comme lui, mais ils allèrent le trouver en corps pour le prier d'agréer qu'on fît le procès à Olaüs et à ses sectateurs comme à des hérétiques notoires. L'archevêque d'Upsal, qui portait la parole, lui représenta que la traduction de ce docteur n'était qu'une copie de celle de Luther, condamnée par le Saint-Siége et par les plus fameuses universités de l'Europe ; il lui remontra ensuite en peu de mots, et avec beaucoup de respect et de modération, que ses dernières déclarations ne pouvaient lui avoir été inspirées que par les ennemis de la religion; qu'elles violaient les immunités de l'église et même les priviléges de la nation : il le pria, au nom du clergé du royaume, de vouloir les révoquer, et il l'exhorta, dans des termes également touchans et respectueux, de se rendre le protecteur de la religion et de ses ministres.

Le roi lui répondit que le clergé s'étant emparé des droits et du domaine de la couronne pendant les guerres civiles, il ne devait pas trouver mauvais que ses officiers en fissent une recherche exacte; qu'il ne redemandait que les biens usurpés ou injustement aliénés : à l'égard d'Olaüs, il lui dit, avec une indifférence apparente, qu'il était prêt à le lui abandonner comme tous ses autres sujets qui seraient convaincus d'hérésie; mais qu'il ne pouvait lui refuser la justice de l'entendre avant que de le condamner : il ajouta qu'on lui avait toujours parlé avantageusement de la conduite et des mœurs de cet ecclésiastique; que l'envie et la jalousie de ses confrères pouvaient avoir beaucoup de part dans les accusations qu'on intentait contre lui, et que ce n'était pas d'aujourd'hui que la plupart des théologiens traitaient indifféremment d'héré tiques tous ceux qui n'étaient pas de leur sentiment, souvent sur des questions frivoles de scholastique peu importantes à la religion.

L'archevêque fut également surpris et fâché que le roi ne regardât l'affaire d'Olaüs que comme une querelle de théologiens oisifs et entêtés ; il lui offrit, avec chaleur, de convaincre cet ecclésiastique, en présence de sa majesté et de tout le sénat, de plusieurs erreurs très-dangereuses, sans songer que de pareils témoins sont toujours les juges des conférences auxquelles ils assistent. Le roi, qui était bien aise d'accoutumer par son exemple ses sujets à examiner la religion, accepta aussitôt la proposition de l'archevêque, et on convint que cette conférence se ferait à Upsal.

(*a*) Le roi s'y rendit accompagné du sénat, et suivi de toute sa cour : Olaüs parut dans l'assemblée avec toute la confiance que lui donnait la protection secrète du prince ; les évêques refusèrent d'entrer en conférence avec lui, sous prétexte de leur dignité, qui les rendait ses juges, et peut-être aussi dans la crainte de se commettre avec un homme sa-

(*a*) An 1525, 2 mars.

vant et éloquent : ces prélats lui opposèrent un théologien célèbre appelé Gallus.

Le roi ordonna qu'on écrivît les actes de cette conférence (*a*). Les deux docteurs disputèrent long-temps sur le purgatoire, les indulgences, la communion sous les deux espèces, le célibat des prêtres, et sur la puissance temporelle et les dignités du clergé, sans pouvoir cependant convenir entre eux de la nature des preuves dont ils devaient se servir : le docteur catholique employait indifféremment l'autorité de l'Ecriture Sainte, la tradition, les pères et les conciles; mais Olaüs se renfermait obstinément dans l'autorité seule de l'Ecriture Sainte, et il voulait obliger son adversaire à lui prouver les dogmes et même la discipline de l'église par autant de passages formels du Nouveau Testament.

Il lui demandait entre autres choses, avec beaucoup de véhémence, qu'il lui montrât dans l'évangile, et qu'il lui prouvât, par l'exemple des apôtres, que les évêques pouvaient posséder des principautés et des dignités séculières, et se servir, comme ils faisaient tous les jours, des foudres de l'église

(*a*) Bazius, Historia ecclesiastica suecana.

contre leurs ennemis, et pour des intérêts purement temporels. Les courtisans, qui sont toujours de la religion du prince, applaudissaient tout haut à Olaüs. Quelques sénateurs demandèrent à Gallus s'il était possible que l'Ecriture Sainte ne renfermât pas toutes les preuves nécessaires pour soutenir sa confession de foi : le docteur catholique leur répondit qu'il ne pouvait abandonner les preuves qu'il tirait de la tradition en matière de discipline sans trahir la cause qu'il défendait, mais que quand même il n'emploierait que l'autorité de l'Ecriture Sainte, il ne consentirait jamais que son adversaire se servît d'une traduction aussi infidèle que la sienne.

Olaüs allait répondre pour défendre sa traduction, et il l'aurait assurément mal défendue ; il ne lui aurait pas été aisé de justifier les fautes qu'il avait commises dans cet ouvrage après son maître : mais le roi, craignant que Gallus ne le convainquît d'avoir corrompu le texte sacré pour l'ajuster à ses opinions, termina tout d'un coup leur dispute et la conférence ; il pria l'archevêque de faire de son côté une traduction du Nouveau Testament, pour la confronter avec celle d'Olaüs : il l'assura qu'il la lirait avec plaisir ; il lui représenta, pour l'engager à y travailler, que cet ouvrage serait d'autant plus utile dans le royaume que la plupart des curés en Suède entendaient peu la langue latine, et qu'ils étaient exposés tous les jours à donner de mauvaises explications au texte sacré pour ne le pouvoir pas lire dans leur langue naturelle : il ajouta à ces raisons quelques caresses qu'il fit en particulier à ce prélat ; et il le congédia en l'assurant qu'il ne souffrirait point qu'il se passât rien dans le royaume au sujet de la religion, sans son conseil et sans sa participation.

L'archevêque, ébloui par ces raisons spécieuses et par les caresses du prince, convoqua à Stockholm les six évêques ses suffragans, et les principaux du clergé séculier et régulier ; il leur représenta la nécessité de faire promptement une traduction du Nouveau Testament, pour l'opposer à celle d'Olaüs : il leur dit que le roi le souhaitait ; que c'était un moyen infaillible de plaire à ce prince, et de le retenir dans leur communion. L'évêque de Linkiòping s'opposa avec beaucoup de chaleur à l'entreprise de cet ouvrage ; il représenta à l'assemblée que Jésus-Christ avait laissé l'interprétation de l'Ecriture Sainte aux évêques et aux docteurs de son église, afin que les ignorans et les gens simples n'eussent pas occasion d'en disputer ; qu'une traduction au contraire dans la conjoncture présente ne servirait qu'à augmenter le progrès que faisait le luthéranisme dans le royaume ; que le peuple, à la faveur de ce livre, voudrait s'ériger en juge de controverse ; que l'église et la religion ne souffraient point d'examen : qu'il n'avait jamais approuvé la conférence d'Upsal : qu'il fallait commencer par excommunier Olaüs et ses sectateurs ; que l'évêque de Strengnäz, qui était son supérieur, devait le faire arrêter et lui faire faire son procès, ou l'envoyer à Rome, et que ces sortes d'hérétiques ne devaient se convaincre que par le fer et par le feu.

L'archevêque, malgré ces remontrances, ne trouva pas à propos de refuser au roi une chose si juste, et à laquelle même il s'était engagé en quelque manière dans la conférence d'Upsal : il persévéra dans ce dessein malgré toutes les oppositions de l'évêque de Linkiöping, qui lui reprocha en pleine assemblée qu'il perdrait la religion par son excès de complaisance pour la cour.

Le clergé séculier et les religieux partagèrent entre eux tout l'ouvrage, afin qu'il fût plutôt achevé (*a*) : les premiers se chargèrent de la traduction des quatre Evangélistes, des Actes des Apôtres, et des Epîtres de S. Paul : les religieux mendians entreprirent de traduire les Epîtres de S. Pierre, de S. Jean, de S. Jacques et de S. Judes; et on confia aux Chartreux la traduction de l'Apocalypse.

Olaüs, fier du succès qu'il se vantait d'avoir remporté dans la conférence d'Upsal, en publia les actes, qu'il fit imprimer d'une manière qui lui était avantageuse; il se maria ensuite publiquement, quoiqu'il fût prêtre, pour autoriser par un exemple peu difficile la doctrine qu'il prêchait. Plusieurs de ses confrères l'imitèrent sans peine, et ils prirent publiquement la qualité de luthériens comme une sauve-garde pour se défendre contre leurs supérieurs, et pour soutenir ces mariages scandaleux. La plupart des seigneurs faisaient prêcher des ministres dans leurs châteaux, les uns par curiosité, et touchés simplement

(*a*) Puffendorf.

de leur éloquence, d'autres par complaisance pour le prince, et peut-être aussi dans la vue de s'approprier les terres de l'église qui se trouvaient à leur bienséance.

(a) Gustave aperçut avec beaucoup de joie une révolution si prompte dans la religion : ce prince, qui ne faisait éclater ses desseins qu'à proportion que le luthéranisme faisait des progrès, crut alors qu'il pouvait sans péril se rendre maître d'une partie des biens du clergé : il convoqua dans cette vue le sénat à Stockholm sur des avis qu'il se faisait donner de temps en temps et qu'il faisait répandre adroitement dans tout le royaume, que l'empereur se disposait à marcher lui-même avec toutes les forces de l'empire pour rétablir le roi Christiern.

Les sénateurs ne furent pas plutôt arrivés à Stockholm, qu'il les pria de travailler incessamment à mettre le royaume en état de n'être pas surpris par les ennemis. Ces seigneurs, qui tenaient la plupart leur fortune et leurs dignités de ce prince, devinèrent sans peine ses intentions, et ils lui répondirent, conformément à ses vues, que le peuple était

(a) An 1526.

épuisé par les guerres que la Suède soutenait depuis si long-temps ; que d'ailleurs les négocians de Lubeck et des autres villes anséatiques ruinaient absolument le royaume par le privilége qu'ils avaient extorqué de faire seuls le commerce de la Suède, et même sans payer aucuns droits ; qu'il ne devait pas espérer de faire entrer de l'argent dans son épargne, à moins que d'ouvrir indifféremment tous les ports du royaume aux marchands des autres nations, mais qu'il fallait payer la ville de Lubeck avant que d'abolir les priviléges qu'on avait été forcé de lui accorder, et qui tenaient lieu d'intérêt pour l'argent et le secours que la régence de cette ville avait prêtés contre les Danois : on convint également dans le sénat de la nécessité et en même temps de l'impuissance de satisfaire cette ville.

Le roi, sous prétexte de soulager le peuple, fit proposer par son chancelier de prendre pour l'entretien et pour la subsistance des troupes les deux tiers des dîmes qui appartenaient la plupart aux évêques ou à de riches abbés ; et ce ministre adroit insinua en même temps qu'on pourrait se servir de l'argenterie superflue des églises, et même des cloches inutiles pour payer la régence de Lubeck, et il représenta que par ce moyen on abolirait tout d'un coup des priviléges qui ruinaient également le prince et ses sujets.

L'autorité et la puissance de Gustave étaient déjà si solidement établies, que les délibérations du sénat n'étaient presque plus qu'une vaine cérémonie; tous les sénateurs approuvèrent avec beaucoup de soumission cet expédient; on en dressa un arrêt solennel: le roi nomma des commissaires qui s'emparèrent dans toutes les provinces de l'argenterie et des cloches qu'ils trouvèrent inutiles et superflues dans les églises, et ils mirent en même temps dans des greniers publics les dîmes et les grains destinés pour la subsistance des troupes.

Cette ordonnance du sénat fut un coup de foudre qui surprit et qui accabla les évêques et le clergé; ils virent qu'on avait mis sur le trône un prince puissant et habile, ennemi de leur autorité, mais qui savait cacher sa haine et ses desseins, sous le prétexte toujours plausible du bien de l'état: l'archevêque d'Upsal lui porta ses plaintes, et il lui dit que ses officiers exerçaient des brigandages dans toutes les églises du royaume, qu'à peine on aurait pu craindre des hérétiques et des fanatiques les plus emportés.

Gustave, qui, par une action de si grand éclat s'était laissé voir pour ainsi dire à découvert, lui répondit avec beaucoup de hauteur, que les biens qu'il avait fait saisir seraient plus utilement employés à la défense de l'état que pour entretenir le faste et l'orgueil de la plupart des ecclésiastiques; et là-dessus il le congédia sans lui vouloir donner une plus longue audience.

Cette réponse et la conduite violente des officiers de ce prince irritèrent au dernier point la plupart des catholiques zélés du royaume : les ecclésiastiques, et sur-tout les religieux, se déchaînèrent horriblement contre lui; ils semèrent parmi le peuple des libelles injurieux, où ils le traitaient publiquement d'hérétique et d'excommunié : quelques-uns même, plus mutins et plus emportés, proposaient de révoquer son élection. Le petit peuple, qu'on gouverne toujours quand on le sait prendre par la religion, entra avec ardeur dans leur ressentiment, les paysans surtout souffraient impatiemment qu'on enlevât leurs cloches et les croix d'argent de leurs églises, qui faisaient souvent la partie la plus essentielle de leur culte; ces paysans naturellement féroces, prévenus par leurs curés, regardaient cette conduite du prince comme un attentat sur la religion et sur leur liberté; quelques-uns prirent les armes, poursuivirent les commissaires, et enlevèrent leurs cloches qu'ils rapportèrent comme en triomphe dans leurs villages.

Il se faisait tous les ans en cette saison une foire considérable proche d'Upsal, où il se trouvait une affluence extraordinaire de peuple de toutes les provinces circonvoisines: c'était comme une espèce d'états pour les paysans: ils y traitaient de leur négoce, des intérêts de chaque province, et sur-tout des différens qu'ils pouvaient avoir au sujet de la conservation de leur liberté et de leurs priviléges. Les mécontens résolurent de profiter de cette assemblée pour exciter quelque révolte; ils firent secrètement disposer les principaux de ces paysans à demander hautement la révocation du dernier arrêt du sénat au sujet des dîmes et des cloches de leurs églises.

Gustave n'ignorait rien de leurs desseins;

l'argent qu'il répandait libéralement faisait qu'il ne manquait jamais de ces gens qui courent après les secrets, et dont l'intérêt et le gain sont de connaître sans être connus : il apprit par ces espions que les paysans, prévenus par les moines et par le clergé, se disposaient à prendre les armes à la foire d'Upsal, si on ne restituait aux églises de leurs villages les cloches qu'on en avait enlevées.

Le roi prévint les mécontens ; il se rendit lui-même à cette foire, à la tête d'un corps de cavalerie : son arrivée imprévue surprit et fit trembler les plus mutins : il leur parla d'abord avec un certain air de grandeur et d'autorité, et en prince qui a droit de commander et qui sait se faire obéir ; il leur demanda fièrement qui les avait chargés du soin du gouvernement pour vouloir se mêler de censurer les délibérations du sénat, et s'ils avaient oublié que les évêques et tout le clergé étaient plus ennemis de leur patrie que les Danois mêmes : il leur dit ensuite, comme pour les gagner et pour les intéresser dans sa conduite, qu'il n'avait en vue que leur soulagement par l'arrêt qu'il avait rendu avec le sénat au sujet des dîmes ; que dans le besoin pressant de payer ceux de Lubeck, on avait mieux aimé tirer quelque secours du clergé que de les accabler par de nouveaux impôts. Gustave se flattait de les adoucir et de les faire entrer dans ses sentimens par ce discours; mais la populace s'étant récriée avec férocité, qu'ils ne souffriraient jamais qu'on changeât la religion, ni qu'on enlevât leurs cloches et l'argenterie de leurs églises, le roi, irrité de leur audace, commanda à ses troupes de faire feu sur les mutins. Ces paysans, effrayés de la contenance des cavaliers qui avaient la carabine couchée en joue, se jetèrent à genoux et lui demandèrent pardon. Gustave fit arrêter les plus mutins; les autres se cachèrent dans la multitude, ou s'échappèrent par leur obscurité : l'assemblée se dissipa en un instant, et chacun se retira avec précipitation, plein de respect et de crainte pour un prince qui savait si bien se faire obéir.

Gustave n'eut pas plutôt dissipé par sa présence cette assemblée séditieuse, qu'il se forma une nouvelle conjuration pour le détrôner. Un palfrenier appelé Hans, de la paroisse de Biorchastra dans la Westmanie, forma un dessein qui n'avait rien de la bassesse de sa condition ; il entreprit de se faire passer pour le fils aîné du défunt administrateur, quoique ce jeune prince fût mort un an auparavant : il se flattait et il s'était laissé persuader par quelques mécontens, que les Suédois, irrités de la conduite de Gustave, se disposeraient aisément à lui faire remplir sa place plutôt que de souffrir aucun changement dans la religion.

Cet imposteur était bien fait, hardi, parlait avec facilité, et il avait même l'air meilleur et plus noble qu'il ne convenait à sa naissance et à son éducation. Il parcourut toute la Dalécarlie sous le nom de Nils Sténon ; il ne paraissait que dans les lieux les plus écartés et qui avaient le moins de commerce et de relation avec la cour ; il restait peu dans un même endroit, et il ne se montrait jamais qu'avec beaucoup de réserve et de précaution : il publiait que Gustave ne pouvait le souffrir, parce qu'il semblait lui reprocher la place qu'il occupait, et qu'il avait enlevée à une maison à qui il devait cependant sa fortune et son élévation ; que ce prince violent ne le regardait jamais qu'avec des yeux pleins de fureur ; que plus d'une fois il avait mis la main à son poignard pour le tuer; que la princesse sa mère, qui craignait à tous momens pour sa vie, lui avait conseillé de se retirer.

Là-dessus il demandait, d'une manière touchante, si un traitement si inhumain était la récompense de la vie que l'administrateur avait perdue pour la défense de la patrie : au seul nom de Sténon, ce fourbe fondait en larmes.

Il se jetait à genoux, et il conjurait ces paysans de prier Dieu pour l'ame du prince son père, et de dire chacun un *Pater* à son intention, pendant qu'il leur était encore permis de croire au purgatoire : il se déchaînait après cela contre la conduite de Gustave; il le traitait d'hérétique et d'usurpateur : il disait qu'il avait renoncé à la foi de ses pères; il lui faisait même un crime, parmi ces paysans jaloux de leurs coutumes, de s'habiller plus magnifiquement que ses prédécesseurs : il publiait qu'il avait quitté la foi catholique, et jusqu'aux habits de la nation, et qu'il voulait forcer tous les Suédois à l'imiter dans son changement.

On prétend que l'évêque de Linkiòping et

les principaux du clergé avaient poussé cet imposteur à faire ce personnage, dans l'espérance d'exciter une révolte et de causer quelque révolution dans le gouvernement : il est certain au moins que ce prélat et ses partisans firent semblant de croire qu'il était véritablement fils de l'administrateur, afin de donner plus de crédit à cette fourbe. Hans, par la protection secrète du clergé et des mécontens, se vit suivi en peu de temps d'une foule de paysans et de personnes abîmées de dettes, gens toujours passionnés pour la nouveauté.

Gustave, incertain s'il devait marcher contre lui, ou laisser tomber et dissiper ce faux bruit, balançait entre la honte et la crainte, persuadé qu'il ne devait rien négliger, mais aussi qu'il devait craindre de fortifier lui-même cette imposture, s'il se mettait en état de la détruire par l'effort de ses armes : il prit le parti de faire écrire la veuve de l'administrateur aux Dalécarliens ; cette princesse les assura par sa lettre qu'elle avait perdu depuis plus d'un an son fils Nils Sténon ; que la mort de ce jeune prince avait pour témoin toute la ville de Stockholm qui avait assisté à ses obsèques, et qu'il ne lui restait plus qu'un enfant fort jeune que le roi élevait auprès de lui, et dont ce prince prenait autant de soin que s'il eût été son propre fils.

Cette lettre fit tout l'effet que Gustave en pouvait espérer : les paysans désabusés abandonnèrent leur prince imaginaire. Hans, craignant qu'on ne le livrât à Gustave, se sauva en Norwége : il y trouva une nouvelle protection ; l'archevêque de Drontheim, à la recommandation des évêques de Suède, le reçut chez lui et le traita publiquement comme prince de Suède : cet imposteur leva de nouvelles troupes dans ce royaume par le crédit de ce prélat ; il fut même assez adroit pour persuader à une femme de la première qualité de Norwége que la couronne de Suède lui appartenait, et il lui promit d'élever un jour sa fille à la dignité de reine. Cette dame, éblouie de la vision d'une couronne, fit prendre les armes à ses vassaux en sa faveur : elle lui fournit beaucoup d'argent pour commencer la guerre, et elle lui donna une chaîne d'or d'un poids considérable, comme des marques et des gages de l'alliance qu'elle voulait contracter avec lui.

Gustave ayant appris que le faux Sténon se disposait à rentrer dans le royaume, fit avancer aussitôt un corps de cavalerie pour lui en défendre l'entrée ; il écrivit en même temps au roi de Danemarck pour se plaindre de la retraite qu'il donnait dans ses états à un fourbe, et il protesta qu'il irait le chercher lui-même jusque dans le fond de la Norwége à la tête de son armée, si on ne le chassait promptement de ce royaume.

Fridéric ne regardait qu'avec une secrète jalousie l'union des Suédois et la prospérité du règne de Gustave : ce prince habile et politique n'aurait pas été fâché que le faux Sténon eût fait renaître la guerre civile en Suède ; mais craignant de s'attirer de nouvelles affaires dans une conjoncture où il appréhendait à tout moment une descente de la part de Christiern, il fit commander à Hans de sortir incessamment de ses états. Ce malheureux se voyant chassé de la Norwége, passa à Rostock. Gustave l'envoya demander aussitôt aux magistrats de cette ville, avec menaces de faire arrêter leurs vaisseaux qui se trouvaient dans ses ports, s'ils ne lui livraient cet imposteur. Les magistrats de Rostock, qui n'avaient aucun intérêt de protéger ce malheureux, lui firent couper la tête; et par cette exécution ils dissipèrent l'inquiétude de Gustave, et ruinèrent l'espérance des mécontens.

Quoique le clergé ni les religieux n'eussent pas paru publiquement dans cette affaire, le roi était cependant bien persuadé qu'ils n'auraient pas manqué de se déclarer si le dessein de cet imposteur avait réussi : il savait qu'ils étaient ses plus dangereux ennemis, et qu'il n'y avait que la considération de sa puissance qui les empêchât d'éclater. Les évêques faisaient agir les curés et les ecclésiastiques du second ordre pour retenir les peuples dans l'ancienne religion : ils n'ignoraient pas qu'ils perdraient la plus grande partie de leurs biens par l'établissement du luthéranisme; des motifs aussi pressans que l'intérêt et la religion mettaient en mouvement tout le clergé; les moines, et sur-tout les religieux mendians, couraient toutes les provinces sous prétexte des quêtes qu'ils étaient obligés de faire pour leur subsistance, mais en effet pour fomenter le mécontentement des peuples : ils s'assuraient de leurs amis, ils faisaient agir leurs dévotes; ils cabalaient dans tous les villages, et parlaient d'une manière peu respectueuse du prince ; comme si le zèle qu'ils affectaient de faire paraître pour la défense de la foi catholique eût justifié cet esprit de rébellion.

Le roi craignant que le clergé et ces religieux ne causassent enfin quelque révolte dangereuse, résolut de gagner les évêques, et sur-tout les chefs et les supérieurs des maisons religieuses, et d'éloigner ceux qui ne se rendraient pas à ses volontés. La plupart des supérieurs des mendians étaient Allemands et étrangers, tous docteurs dans les principales universités d'Allemagne, que leurs généraux envoyaient pour visiter et pour gouverner les monastères de la Suède. Le roi rendit une déclaration qui défendait à ces étrangers de se mêler du gouvernement des religieux suédois, sous prétexte qu'étant sujets de l'empereur et des princes ennemis de la nation, ils portaient leurs religieux et même les peuples à la révolte : on les obligea de sortir incessamment du royaume, et le roi mit en leur place des religieux dévoués à la cour.

(a) Ce prince rendit une autre déclaration

(a) An 1527.

pour réprimer les visites et les voyages trop fréquens des religieux : il ne leur permit de sortir de leurs monastères que deux fois l'an, et il ne leur accorda que quinze jours chaque fois pour recueillir les aumônes qu'ils recevaient de la piété et de la libéralité de ses peuples. Le roi s'adressa ensuite aux évêques de Strengnàz et de Westeràhs, dont il était bien assuré; il les assura que toute sa conduite n'avait pour but que de faire observer la pure parole de Dieu dans son royaume, et d'en bannir les superstitions qu'un esprit d'intérêt avait introduites dans l'exercice de la religion : il pria ces prélats de lui remettre de bonne grace les forteresses dont ils étaient maîtres : il leur promit en échange de leur faire des biens considérables en particulier, et d'élever leurs maisons aux premières dignités du royaume. Le roi ne leur eut pas plutôt témoigné de l'affection et de la confiance, qu'ils lui promirent de se soumettre aveuglément à ses volontés, soit que ces prélats crussent qu'il suffisait de ne point professer l'erreur, ou qu'ils craignissent de s'attirer l'indignation du prince.

L'archevêque d'Upsal fut plus ferme; les

promesses ni les menaces de Gustave ne purent jamais l'ébranler : on saisit son temporel, on persécuta sa famille, on le tint même quelque temps en prison dans un couvent de Stockholm, sous prétexte qu'il était complice de la révolte du faux Sténon ; enfin on n'oublia aucune de ces persécutions indirectes que les princes savent si bien employer pour réduire des sujets opiniâtres ou trop fermes dans leurs sentimens.

Ce prélat fut toujours inébranlable : il dit à ceux qui le sollicitaient de se rendre aux volontés du roi, qu'il n'avait point recherché la dignité d'archevêque ; que Gustave s'était intéressé à son élection, et qu'il ne pouvait croire que ce prince prétendît exiger pour reconnaissance, qu'il trahît indignement sa dignité et son ministère. Gustave ne le pouvant gagner, s'en défit habilement, sous le prétexte honorable d'une ambassade : on lui ordonna de partir incessamment pour la Pologne, et le roi lui fit dire qu'il recevrait ses ordres et ses dépêches à Dantzick. L'archevêque comprit bien qu'il fallait sortir du royaume et abandonner sa dignité ; il obéit cependant avec beaucoup de soumission, et se rendit à Dantzick avec Olaüs Magnus son frère : il y resta quelque temps pour attendre ses dépêches et les ordres de la cour; mais ne recevant aucunes nouvelles de Gustave, et apprenant que le luthéranisme faisait tous les jours de nouveaux progrès dans le royaume, il se rendit à Rome pour implorer le secours du pape (*a*), et pour l'avertir du péril que courait la religion sous le règne d'un prince aussi habile et aussi puissant.

Mais le pape n'était guère en état de faire attention ni de donner ordre aux affaires de l'église de Suède. Ce pontife, qui avait une passion violente pour l'élévation et la grandeur de sa famille, était entré l'année précédente (*b*) dans une ligne que François Ier, roi de France, les républiques de Venise et de Florence, et les Suisses, avaient faite contre l'empereur Charles-Quint. Le but des confédérés était de faire délivrer les enfans de France qui étaient en otage en Espagne depuis le retour du roi, de revendiquer le royaume de Naples au Saint-Siége, de maintenir Sforce dans le duché de Milan, et de

(*a*) Clément VII.
(*b*) 21 mai 1526.

défendre la liberté de l'Italie, en un mot de s'opposer à la puissance de l'empereur, qui devenait formidable à toute l'Europe depuis la bataille de Pavie.

Ce prince, irrité contre le pape, qu'il accusait d'avoit été l'auteur de cette ligue, lui fit une guerre sanglante; et, ce qui fut plus sensible à ce pontife que la guerre même, il fit exhorter les cardinaux de convoquer un concile légitime pour le bien de l'église, qui avait également besoin, à ce qu'il disait, de réforme dans son chef et dans ses membres. Clément avait un éloignement extrême pour un concile; il craignait la réformation de la puissance papale, mais il craignait encore plus pour sa personne même et pour sa dignité.

Ce pontife avait toujours passé pour fils naturel de Julien de Médicis, jusqu'à ce que le pape Léon X, qui était de cette maison, le déclarât légitime, sur le rapport du frère de sa mère et de quelques religieux qui déposèrent qu'il y avait eu une promesse de mariage; témoignage un peu suspect dans une affaire si délicate. Il est bien vrai qu'il n'y avait pas de loi qui exclût positivement les bâtards du pontificat; mais c'était néanmoins l'opinion commune qu'une dignité si sainte et si éminente n'était pas compatible avec ce défaut; et Clément appréhendait justement que l'empereur ne fît valoir ce prétexte dans un concile, et qu'il ne lui donnât par son autorité une apparence de justice et de religion.

Il savait de plus que ce prince était maître d'un billet qu'il avait donné dans le conclave au cardinal Colonne pour acheter sa voix, et il se voyait par là en danger d'être déposé comme Balthasar Cossa, appelé durant son pontificat Jean XXIII, d'autant plus que le pape Jules II avait fait une bulle rigoureuse qui cassait absolument toute élection simoniaque, en sorte même qu'un consentement postérieur des cardinaux ne pût jamais la valider.

Mais Charles-Quint en voulait moins à sa personne qu'aux principautés qui étaient attachées à sa dignité; il ne le menaçait d'un concile et il n'en demandait avec tant d'éclat la convocation, que pour lui susciter de nouveaux ennemis, et pour le réduire à la fin à dépendre de sa volonté. Ce prince eût bien voulu disposer des terres de l'église, qui lui étaient nécessaires dans la conjoncture de la guerre pour la communication du Milanez avec le royaume de Naples : la ligue que le pape venait de faire avec ses ennemis lui fournit un prétexte spécieux pour s'en emparer.

Il fit entrer son armée sur les terres de l'église : ses troupes assiégèrent et prirent d'assaut la ville de Rome ; elles y exercèrent des cruautés qu'à peine on eût pu craindre des Turcs : le massacre et le pillage durèrent plusieurs jours ; on viola les filles dans les bras de leurs mères et jusqu'au pied des autels ; les monumens des apôtres et les reliques des Saints furent profanés par l'avarice et l'insolence des soldats ; on jeta dans des cachots affreux les cardinaux et les prélats de la cour de Rome, et on leur donnait à tous momens mille frayeurs d'une mort infâme, pour les contraindre de livrer les trésors de l'église ; le pape même fut arrêté et mis prisonnier dans le château Saint-Ange par les capitaines de l'empereur ; et ce prince, qui affectait le titre religieux de catholique, voulait le faire emmener jusqu'en Espagne, comme il en avait usé à l'égard de François Ier, roi de France, afin de triompher presque en même temps des deux plus grandes puissances de l'Europe, l'une spirituelle, et l'autre temporelle.

Gustave apprit avec une secrète joie la guerre que l'empereur faisait au pape et la prison de ce pontife : il résolut de se servir de cet exemple et de cette conjoncture pour donner le dernier coup à la dignité des évêques de son royaume; il était d'ailleurs si puissant qu'il ne craignait aucune révolte : il avait un nombre considérable de troupes sur pied qui le rendaient également redoutable à ses ennemis et à ses sujets; la plupart des officiers étaient étrangers ou luthériens, et ils étaient tous également attachés à sa personne et à sa fortune : le sénat n'était composé que de ses créatures, et les Danois étaient devenus ses alliés.

Pendant que tout le monde redoutait sa puissance ou révérait sa grandeur, il fit dessein de retirer des mains des évêques toutes les forteresses qui étaient dépendantes de leurs évêchés, de faire faire en même temps une recherche exacte des biens que le clergé et les religieux avaient acquis ou usurpés depuis la défense du roi Canutson, et sur-tout il résolut de faire confirmer par les états-généraux du royaume toutes ses déclarations et l'arrêt que le sénat avait rendu contre le clergé au sujet des dîmes.

Il convoqua dans cette vue les états-généraux à Westeràhs : il employa son autorité dans les provinces pour faire élire des nonces et des députés qui lui fussent agréables ; il fit dire secrètement à un nombre d'officiers de guerre de s'y trouver sous prétexte de solliciter le paiement des troupes, et il s'y rendit ensuite accompagné de tous les sénateurs, et suivi d'une foule de courtisans qui marquait sa puissance et qui servait en même temps à l'entretenir.

Ce prince commença à faire paraître ses intentions dans un repas où se trouvèrent les évêques, les sénateurs, les députés des provinces, et tous les membres des états. Les officiers de sa maison changèrent à table le rang ordinaire des séances : on donna les premières places aux sénateurs séculiers au préjudice des évêques qui étaient en possession de les occuper, et on donna la même préférence aux gentilshommes, qui furent placés au-dessus des députés ecclésiastiques du second ordre ; le roi, par ce changement, voulait commettre les évêques avec les sénateurs, et intéresser la noblesse dans le dessein qu'il avait d'abaisser le clergé.

Les évêques et les autres députés ecclésiastiques se retirèrent à la sortie de table, chagrins et inquiets d'un tel changement : ils sortirent avec précipitation de la salle du festin et du château, et ils furent s'enfermer dans l'église de Saint-Egide. Quand ces prélats et ces ecclésiastiques se virent seuls, et qu'ils se crurent en sûreté, ils se demandèrent réciproquement quelle pouvait être la cause de l'injustice et de l'affront que le roi leur avait fait si publiquement.

L'évêque de Linkiòping, qui présidait à l'assemblée en qualité de premier suffragant de l'archevêque d'Upsal, prit la parole : il leur dit qu'ils savaient par leur propre expérience que ce prince ne faisait jamais rien de public sans des vues secrètes et sans des desseins particuliers ; que ce changement injurieux à leur ordre n'était que le signal et le commencement de plus grandes persécutions ; que les déclarations du roi, les arrêts du sénat, les entreprises des officiers du prince, ses armées et sa puissance, leur annonçaient la perte de leur liberté et de la meilleure partie de leurs biens; que Gustave, sous le spécieux titre de défenseur de la patrie, usurpait une autorité absolue et indépendante des lois; qu'il voulait s'emparer de leurs châteaux et de leurs forteresses; qu'il les priverait ensuite de la part qu'ils avaient eue depuis si long-temps dans le gouvernement, et que peut-être la religion même ne serait pas en sûreté dans cet état, s'ils ne se déterminaient à résister courageusement aux luthériens.

L'évêque de Strengnäz (*a*), qui était gagné par la cour, lui répondit qu'on ne pouvait à la vérité veiller avec trop de soin à la défense de la religion; mais en même temps il insinua qu'on ne devait pas irriter par un zèle à contre-temps un prince puissant, et qui d'ailleurs avait si bien mérité de l'état: il ajouta qu'il était même d'avis que le clergé contribuât d'une partie de ses biens à la défense du royaume, et il déclara qu'il remettrait volontiers sa forteresse entre les mains du roi, qui la saurait mieux conserver et défendre contre les ennemis de la nation que ne pouvait faire une personne de profession ecclésiastique.

(*a*) Sommer.

L'évêque de Linkiòping ne put entendre ce discours sans indignation : il lui demanda d'un ton plein de zèle et de colère, s'il prétendait pouvoir disposer des biens de son église comme de son patrimoine en faveur d'un prince hérétique, ou du moins qui favorisait ouvertement l'hérésie : il lui reprocha même qu'il parlait plutôt en politique et en homme de cour que comme un véritable évêque. Il adoucit ensuite ce qu'un discours si véhément pouvait avoir d'offensant; il le conjura, dans les termes les plus pressans, de demeurer uni avec ses confrères, et d'agir de concert avec eux pour la défense de leurs biens et de leurs dignités : il exhorta toute l'assemblée d'imiter leur archevêque, qui avait également résisté aux menaces et aux caresses de la cour : il ajouta que c'était dans ces occasions qu'ils devaient se souvenir du serment qu'ils avaient fait à leur sacre de maintenir et de défendre, au péril de leur vie, la religion et les droits de leurs églises. Enfin, il n'oublia rien pour tâcher de réveiller en eux toute la vigueur épiscopale, et pour leur persuader qu'une disgrace causée par une fermeté apostolique leur serait plus glorieuse que toute la faveur de la cour.

Ce discours, prononcé avec ardeur, entraîna les trois autres évêques et tous les ecclésiastiques de l'assemblée : on résolut de défendre constamment, dans les états, les biens et les droits de l'église. Les évêques de Strengnäz et de Westeràhs, quoique gagnés par la cour, n'osèrent s'opposer à un avis qui paraissait si généreux; peut-être même que ces deux prélats n'étaient pas fâchés que leurs confrères entreprissent, à leur péril, de défendre leurs dignités. Ces six évêques firent entre eux un serment solennel de soutenir courageusement les biens et les priviléges du clergé contre les entreprises du roi : ils en dressèrent un acte qu'ils souscrivirent, et qu'ils firent signer à tous les ecclésiastiques de l'assemblée, et ils cachèrent ensuite cette protestation dans un tombeau de l'église même où ils se trouvaient, de peur qu'elle ne tombât entre les mains du prince.

L'évêque de Linkiòping, non content de ces mesures, s'assura secrètement du grand maréchal Tureiohanson. Ce seigneur, par sa naissance et par sa dignité, ne voyait que le roi au-dessus de lui dans le royaume, mais ees avantages étaient balancés par son peu de mérite et par une vanité excessive ; il ne parlait que de sa naissance ; et, sans courage et sans valeur, il croyait que le public devait trouver toutes ces vertus dans la noblesse de son origine. La prière que lui fit l'évêque de Linkiòping d'accorder sa protection au clergé, fut un titre pour l'obtenir ; Tureiohanson, ébloui de se voir à la tête d'un parti, lui promit de maintenir hautement les intérêts de la religion et de ses ministres. Ce prélat gagna encore quelques seigneurs de la Gothie occidentale, et plusieurs députés du corps des paysans qui s'unirent pour résister aux entreprises des luthériens.

Les états s'assemblèrent le lendemain. Le chancelier en fit l'ouverture par un discours pressant sur les besoins de l'état : il représenta à l'assemblée, de la part du roi, qu'il n'y avait aucuns fonds établi pour payer les troupes ; que la plupart des places frontières avaient besoin d'être fortifiées ; qu'il y avait peu de vaisseaux dans les ports, et que les arsenaux étaient fort dépourvus : il n'oublia pas de leur faire peur des desseins et des armes du roi Christiern ; il rappela le souvenir de toutes les cruautés que ce prince avait exercées dans le royaume; il peignit avec les couleurs les plus tristes et les plus touchantes l'état affreux et l'extrême misère où la Suède était réduite sous sa domination; le sénat massacré, le pillage, les assassinats publics, l'incendie, le viol, et tous les crimes les plus énormes, autorisés par un prince qui ne daignait pas même chercher des prétextes à ses crimes; le crédit et les récompenses des traîtres, encore plus insuportables que leurs trahisons; en un mot tout le royaume en proie à des ennemis irréconciliables, ou à des Suédois perfides et révoltés encore plus cruels que ces ennemis.

Il leur dit que, dans un état si déplorable, le roi seul avait formé le généreux dessein de délivrer sa patrie; qu'il s'était exposé pour cela aux plus grands dangers; qu'il n'avait jamais ménagé son bien ni sa vie pour leur défense; qu'on n'ignorait pas qu'il avait engagé toutes les terres de sa maison pour soutenir la guerre contre les Danois; que la Suède avait enfin triomphé de ses ennemis par la valeur et la bonne conduite de ce prince; mais que ces mêmes ennemis si cruels étaient près de rentrer dans le royaume avec toutes les forces de l'empereur, si on ne se mettait de bonne heure en état de leur résister; il ajouta que le domaine de la couronne était si diminué par les usurpations du clergé, qu'à peine les revenus suffisaient-ils pour l'entretien de la maison du prince; que les gentilshommes se trouvaient également ruinés par les fondations indiscrètes de leurs prédécesseurs; qu'on n'ignorait pas que l'église de Suède possédait seule plus de biens que le roi et que tous les autres états du royaume ensemble; que les évêques avaient toujours fait servir la religion à leurs intérêts et à l'établissement de leur autorité; qu'ils s'étaient rendus maîtres, par des moyens peu légitimes, des meilleurs fiefs et des principales forteresses; que ces prélats, devenus par la suite des temps plus riches et plus puissans même que leurs souverains, s'étaient souvent révoltés contre ses princes; qu'on savait qu'ils avaient causé par leur ambition toutes les guerres civiles et étrangères qui avaient désolé la Suède tour-à-tour depuis près de six vingts ans; que plus d'une fois ils avaient appelé l'ennemi dans le royaume, qu'ils l'avaient introduit dans leurs forteresses, et qu'ils n'avaient jamais épargné ni trahison ni perfidie pour faire réussir leurs révoltes.

Que le sénat, qui connaissait les besoins de l'état, et combien la puissance excessive et les grandes richesses des évêques étaient préjudiciables au repos de la Suède, avait judicieusement ordonné qu'on emploierait les deux tiers des dîmes pour l'entretien et la subsistance des troupes ; que le roi demandait aux états que les déclarations qu'il avait rendues, et l'arrêt du sénat, qui n'avait pour but que le soulagement du peuple, fussent confirmés ; que les ecclésiastiques et les religieux rendissent incessamment, soit au domaine du prince ou à la noblesse, et à tous particuliers, les terres et les biens qu'ils prétendaient leur avoir été donnés depuis le règne et la défense du roi Canutson (*a*) ; qu'ils fussent obligés de contribuer comme les séculiers à l'entretien des troupes à proportion de leur ancien domaine et de leurs acquisitions ; que les évêques n'usurpassent plus la succession de leurs ecclésiastiques, ce qui ruinait insensiblement les meilleures familles du royaume ; que ces prélats renonçassent

(*a*) En 1452.

aux droits d'amende et de confiscation ; qu'ils fussent condamnés à remettre incessamment entre les mains du prince leurs forteresses, qui ne servaient souvent qu'à donner retraite aux séditieux et aux révoltés, et enfin qu'on exclût pour toujours ces prélats du sénat, sans qu'il leur fût jamais permis dans la suite de se mêler du gouvernement.»

Le chancelier n'eut pas plutôt cessé de parler que l'évêque de Linkiòping prit la parole. Il dit qu'il n'était pas surpris qu'on proposât si hautement de s'emparer des biens de l'église, puisqu'on autorisait les luthériens qui attaquaient la religion même ; qu'il déclarait aux états qu'il était résolu avec tout le clergé du royaume de défendre constamment la foi et la religion catholique, et qu'ils ne consentiraient jamais de céder de leurs biens, ni de relâcher de leurs droits et de leurs priviléges sans un ordre exprès du pape, qu'ils reconnaissaient pour souverain dispensateur de tous les biens de l'église, comme il était le juge infaillible sur les questions de foi et en matière de religion.

Le roi, surpris de la fermeté de cet évêque, se tourna vers les sénateurs et du côté de la noblesse comme pour engager quelque seigneur à répondre à ce prélat. Tureiohanson se leva aussitôt, et, au lieu d'entrer dans l'intention et dans les intérêts du prince, il lui dit fièrement qu'on ne pouvait trop louer le zèle de l'évêque de Linkiòping, et qu'il souhaitait que tous les Suédois défendissent avec autant de courage la foi catholique et la liberté de la nation. Les évêques et tout le clergé applaudirent hautement à ce discours, et ils furent soutenus par plusieurs députés de la Gothie occidentale, qui plaignaient secrètement la perte de l'ancienne religion, mais qui n'avaient osé, par la crainte du roi, dire librement leur avis.

Gustave, surpris et irrité du discours de Tureiohanson et des applaudissemens qu'il avait reçus, se plaignit du peu de respect et de l'ingratitude des Suédois. Il leur reprocha qu'ils n'avaient jamais su se passer de roi, ni en souffrir, quand ils les avaient une fois élus : il leur dit qu'il n'ignorait pas que ses déclarations contre le clergé et l'arrêt du sénat au sujet des dîmes, lui avaient fait plus d'ennemis dans le royaume qu'il n'en avait parmi les nations voisines, ennemies et jalouses du bonheur de la Suède : il ajouta qu'il était bien instruit qu'il y en avait plusieurs dans l'assemblée qui, suivant le proverbe suédois, voudraient lui avoir vu le fer d'une hache enfoncé dans la tête, quoique personne ne fût assez hardi pour en oser prendre le manche ; qu'ils se trompaient fort, s'ils se persuadaient qu'il fût monté sur le trône comme sur un théâtre, pour y représenter seulement le personnage de roi ; il leur déclara qu'il voulait être obéi, et que, dans la conjoncture présente, il avait besoin d'une autorité absolue pour résister aux entreprises et aux desseins de l'empereur et du roi Christiern.

Que si l'obéissance et la soumission qu'il exigeait leur paraissaient injustes, il était près de renoncer à son élection ; qu'il demandait seulement qu'on le dédommageât des dépenses qu'il avait faites pour la défense de l'état depuis qu'il était chargé du gouvernement, et qu'après cela il les laisserait jouir tranquillement du fruit de ses victoires, et qu'il donnait sa parole de sortir du royaume et de n'y mettre le pied de sa vie. La douleur et la colère lui firent verser quelques larmes malgré lui en finissant ces mots. Il sortit brusquement de l'assemblée, et il se retira dans le château suivi des principaux officiers de ses troupes, qui le pressaient de se rendre maître absolu du gouvernement, et qui lui offrirent d'exécuter ses ordres sans attendre les délibérations ni le consentement des états.

Le chancelier resta dans l'assemblée pour empêcher qu'on n'y prît en l'absence du roi des résolutions contraires à ses intérêts; mais on ne décida rien ce jour-là. Les sénateurs séculiers et les principaux seigneurs, effrayés de la colère et de la retraite de Gustave, se levèrent aussi-tôt, comme s'ils eussent craint d'être vus avec des gens qui n'étaient pas de l'avis du prince : les évêques au contraire, tout le clergé, la plupart des seigneurs de la Gothie occidentale, et toute la populace de Westeràhs, reconduisirent Tureiohanson comme en triomphe jusqu'à son logis.

Ce seigneur, ébloui de leurs applaudissemens, ne pouvait cacher la joie qu'il avait de se voir à la tête d'un parti qu'il croyait formidable au roi. Il se flattait de régner dans les états et d'en prescrire à son gré toutes les délibérations; il rentra dans sa maison au son des trompettes et au bruit des tambours et des timballes, fier et content du succès qu'il croyait avoir remporté, sans songer que les favoris du peuple ne durent pas long-temps, et qu'il est toujours dangereux pour un grand seigneur de sortir avec avantage d'une affaire où il semble que l'autorité du prince a été peu considérée.

Les états se rassemblèrent le lendemain. On employa la journée entière en des contestations réciproques : Olaüs Petri fit un nouveau défi au docteur Gallus, mais leur dispute n'eut point de suite, parce que celui-ci voulait traiter les matières controversées en latin et d'une manière scholastique, et qu'Olaüs s'opiniâtrait à parler suédois comme une langue également entendue de tous les députés des états. L'assemblée était partagée en deux partis : les uns défendaient les biens et les priviléges du clergé avec d'autant plus d'ardeur qu'ils étaient persuadés que la conservation de l'ancienne religion en dépendait, et les autres, qui regardaient les opinions de Luther comme une chose indifférente tant que l'église ne se serait pas expliquée dans un concile général, voulaient qu'on se soumît sans restriction à la volonté du roi.

Le chancelier représentait incessamment aux principaux députés que les royaumes ne se devaient pas gouverner par les maximes des prêtres et des moines, qui ont des intérêts différens de ceux de l'état, et qui reconnaissent même un prince étranger pour souverain dans la personne du pape; que, selon l'exigence des temps et du bien public, le salut de l'état devait être la première de toutes les lois, et que toutes les autres constitutions humaines n'étant faites que pour l'entretien et la conservation de la société civile, le prince et le souverain magistrat devait être maître de les changer suivant le besoin et la disposition de chaque nation; que la plupart des ecclésiastiques et des moines tiraient à eux tous les biens du royaume sous différens prétextes de dévotion; que les évêques, par la qualité qu'ils prenaient d'uniques héritiers des prêtres, ruinaient tous les jours les meilleures familles; que ces prélats, à titre de succession, s'emparaient insensiblement de tous les biens de l'état, et qu'ils mettaient ensuite tant d'usurpations différentes à couvert de toutes recherches, sous le nom de biens d'église, qu'ils épouvantaient par le fantôme de l'excommunication ceux qui pourraient justement se plaindre de leurs injustices, et qu'ils appelaient hautement hérésie une opinion condamnée comme hérétique par le pape, qu'ils ne regardaient cependant comme infaillible que lorsque l'infaillibilité était conforme à leurs intérêts.

Le chancelier, par de semblables discours, et même par des voies d'autant plus sûres qu'elles étaient cachées, ramena insensiblement la plupart des députés dans le parti du roi : on gagna même plusieurs ecclésiastiques, sous prétexte qu'on ne voulait point toucher à la religion, et qu'il ne s'agissait que d'une affaire purement temporelle ; on leur fit peur de la puissance et du ressentiment du prince dans le même temps qu'on leur insinuait qu'une résistance trop opiniâtre n'était pas éloignée d'une rébellion et du crime de lèse-majesté.

Gustave était déjà assuré de la meilleure partie de l'assemblée, que Tureiohanson se flattait encore de la puissance de son parti : il ne parlait que de faire brûler tous les hérétiques, et il demandait sur-tout avec beaucoup d'instance que les états fissent une loi qui déclarât les luthériens incapables de parvenir à la couronne, dans la vue de donner une exclusion formelle à Gustave, et d'avoir un titre pour s'opposer à la cérémonie de son couronnement (*a*). L'affaire fut agitée avec beaucoup de chaleur dans l'assemblée ; chacun parlait selon son intérêt ou son inclination, lorsque l'évêque de Strengnäz, qui était gagné secrètement par la cour, demanda la liberté de parler.

Ce prélat n'eut pas plutôt obtenu audience, qu'il représenta aux états qu'il était surpris qu'il y eût des gens dans l'assemblée qui osassent traiter si publiquement de l'abdication du roi presque en présence de ce prince et sous le canon de son château : il leur dit qu'une affaire de cette importance ne se décidait pas par cabale et à la pluralité des voix ; qu'on en voyait plusieurs dans les états qui se signalaient dans l'assemblée comme dans un champ de bataille, qui auraient peut-être bien de la peine à soutenir seulement les regards et la présence de Gustave s'il avait les armes à la main : il leur demanda quelles forces ils avaient à opposer à ce prince, qui était maître

(*a*) Loccenius, lib. VI, p. 270.

de toutes les troupes, et en cas même qu'il voulût bien abdiquer, s'ils avaient les fonds nécessaires pour le dédommager des frais immenses qu'il avait faits pour la défense de l'état.

Il ajouta qu'il n'était pas si aisé de compter avec un grand capitaine qui était à la tête d'une armée considérable, et qui retiendrait même la souveraine puissance tant qu'il lui plairait, comme pour gages de paiement; que d'ailleurs ils se trompaient grossièrement, s'ils se flattaient que la Suède, sous un autre prince ou sous une autre forme de gouvernement, pût résister long-temps à tant d'ennemis dont elle était environnée; que tous les gens habiles savaient bien que la puissance et les forces du royaume étaient bien plus dans la personne du roi que dans sa dignité; que ce prince ne ferait aucune démarche pour descendre du trône qui ne servit en même temps pour y faire monter les rois de Danemarck Christiern ou Fridéric; que la crainte seule de son courage et de sa valeur tenait en respect tous les ennemis de la nation.

Ce prélat dit encore que, quoique le roi parût peu favorable au clergé, cependant la force de la vérité et l'affection sincère qu'il avait pour le bien de l'état l'obligeaient d'avouer que le salut du royaume était attaché à la personne de ce prince ; qu'il convenait qu'on ne pouvait trop louer le zèle du grand maréchal, et que tout le clergé et les religieux lui avaient d'étroites obligations, mais qu'on n'ignorait pas aussi qu'un zèle trop outré causait souvent de grands malheurs, et qu'il croyait qu'il était plus à propos d'abandonner quelques droits et de relâcher de leurs priviléges dans une conjoncture où cela était si nécessaire pour la défense de l'état, que d'irriter, par trop d'attachement à leur intérêt, un prince également puissant et nécessaire ; qu'au reste il n'était pas permis de soupçonner le roi d'avoir changé de religion, parce qu'il ne faisait pas brûler tous ceux qui s'obstinaient à prier Dieu en suédois et dans leur langue naturelle ; que ce prince s'était expliqué plus d'une fois de vouloir persister dans la religion de ses pères ; qu'après tout l'on était obligé d'avouer que les moines avaient introduit dans l'église, sous l'apparence de dévotion, plusieurs superstitions qui défiguraient entièrement le christianisme ; que le roi, avec le secours des plus habiles gens de son royaume, pouvait corriger ces abus sans qu'on pût l'accuser de toucher à la religion, comme il pouvait justement s'affranchir de la cour de Rome sans cependant se séparer de l'église romaine.

Le discours de ce prélat fit d'autant plus d'effet dans les états qu'il était moins attendu d'une personne de son caractère : les évêques et tout le clergé en frémissaient d'indignation, mais presque toute l'assemblée lui applaudit hautement : il semblait que le discours de cet évêque eût dissipé tout d'un coup l'enchantement qui les avait tenus si long-temps opposés aux intentions du roi : on se reprochait l'absence de ce prince comme un crime et un grand malheur ; on se proposa de lui donner la satisfaction qu'il demandait, pour avoir celle de le voir plutôt à la tête des états ; on dressa aussitôt une déclaration conforme à ses intentions, malgré les clameurs et toutes les oppositions du clergé ; on fit même entendre au grand maréchal qu'il n'était pas sûr pour lui de faire tant de bruit dans l'assemblée (*a*). Les députés des paysans, qui croyaient qu'il ne s'agissait que d'une affaire purement temporelle, jurèrent hautement

(*a*) Puffendorf.

qu'ils mettraient en pièces le premier qui s'opposerait aux intentions du roi. Tureiohanson et les seigneurs de la Gothie occidentale, épouvantés de ces menaces, prirent le parti de se taire et de se retirer.

Les états ordonnèrent enfin par un acte solennel, que les évêques remettraient incessamment entre les mains des officiers du roi leurs forteresses, et qu'ils congédieraient les troupes et les garnisons qu'ils entretenaient; que ces prélats ne pourraient plus être admis dans le sénat, parce que cela les empêchait de vaquer à leur ministère; qu'ils ne priveraient plus les héritiers légitimes des ecclésiastiques de leurs successions; qu'ils ne s'appliqueraient plus les amendes ni les confiscations qui étaient des droits de la couronne; qu'on emploierait l'argenterie superflue des églises et les cloches inutiles pour payer la régence de Lubeck; qu'on réunirait au domaine du prince tous les biens ecclésiastiques que le clergé avait acquis par des fondations faites depuis la recherche et la défense du roi Canutson; que la noblesse pourrait retirer les biens qu'elle avait engagés à l'église, en payant le prix de l'engagement; que les deux tiers des dîmes dont jouissaient la plupart des évêques et des abbés seraient mis en séquestre pour la subsistance des troupes, tant que l'on pourrait craindre la guerre dans le royaume ; et que dans la paix on emploierait ces biens à l'établissement et pour l'entretien des écoles publiques, et pour fonder des hôpitaux dans toutes les provinces : qu'on punirait rigoureusement ceux d'entre le clergé qui entreprendraient d'excommunier quelqu'un pour des intérêts purement temporels ; que les magistrats réprimeraient les courses vagabondes des religieux mendians, et que le roi disposerait selon son bon plaisir de tous les priviléges du clergé. Le chancelier fit insinuer habilement dans la même déclaration qu'on établirait dans toutes les églises considérables des hommes savans et vertueux qui expliqueraient au peuple la pure parole de Dieu ; ce qui signifiait, dans le langage de ce temps-là, qu'on autorisait la prédication du luthéranisme.

Cette déclaration ne fut pas plutôt dressée, que tous les députés la signèrent ; les évêques même peu unis entre eux, les uns gagnés par la cour, et les autres intimidés, furent contraints d'y souscrire, quoiqu'ils vissent bien qu'ils signaient peut-être l'abdication de leurs dignités, et même un article contraire à la religion catholique : les états prièrent le chancelier et le docteur Olaüs Petri de vouloir bien la porter au roi, et ils les chargèrent d'assurer ce prince qu'il ne trouverait jamais dans les états aucun obstacle à ses volontés.

Gustave les ayant amenés au point qu'il souhaitait, se rendit dans l'assemblée : il fit remercier les députés par le chancelier de ce qu'enfin ils avaient pris des résolutions utiles et conformes aux besoins du royaume ; il les fit assurer qu'on ménagerait le peuple dans la suite avec de grands égards, et qu'il espérait qu'avec le secours seul qu'ils venaient de lui accorder, la Suède n'aurait rien à craindre de ses ennemis ; il congédia ensuite l'assemblée après avoir assuré de sa reconnaissance ceux d'entre les députés qui avaient porté ses intérêts avec le plus de chaleur dans les états.

Gustave, par cette déclaration, se trouva maître, pour ainsi dire, de la religion et des biens de l'église : il partit à la tête d'un corps de cavalerie pour faire exécuter lui-même l'ordonnance des états; il parcourut successivement toutes les provinces du royaume, accompagné d'Olaüs Petri et de plusieurs autres docteurs luthériens qu'il faisait prêcher en sa présence dans les principales églises; il se faisait apporter en même temps les titres de tous les biens ecclésiastiques, qu'il réunissait sur-le-champ à son domaine; et il restituait aux anciens propriétaires ou à leurs héritiers les biens qui venaient des fondations faites depuis le règne du roi Canutson; il retira par ce moyen plus des deux tiers des revenus du clergé et des religieux, et on compta jusqu'à treize mille terres ou fermes considérables dont il s'empara : il en réunit une partie à son domaine, et des autres il en gratifia ses créatures et les principaux capitaines de son armée; il tira en même temps de grandes sommes de toute l'argenterie des églises, qu'il fit fondre, et dont il remplit le trésor public.

Le voyage que ce prince venait de faire dans les provinces, acheva de ruiner la religion catholique : on faisait ouvertement la guerre aux religieux et au clergé dans la vue que la religion tomberait d'elle-même par la fuite ou par le changement de ses ministres. On ne manquait point de prétexte dans un temps même où il n'en fallait point pour chasser de leurs bénéfices ceux qui voulaient persévérer dans l'ancienne religion.

La plupart des curés et des autres bénéficiers professèrent publiquement le luthéranisme pour conserver au moins leurs maisons et une partie de leurs bénéfices; il n'en coûta à plusieurs d'entre eux que de se marier et d'introduire dans leurs églises le service divin en langue vulgaire; ce qui était la marque la plus assurée qu'on avait embrassé le luthéranisme. L'évêque de Linkiòping se retira en Pologne; les autres prélats, cachés dans leurs maisons, n'osaient presque faire aucunes fonctions de leur ministère, de peur de s'attirer de nouvelles persécutions; ils attendaient servilement ce que le prince ordonnerait de leurs personnes et de leurs dignités, toujours prêts à lui obéir, et plus inquiets du changement qu'il faisait dans le temporel de leurs églises que dans la religion. Il n'y eut que l'évêque de Skara qui, peu versé dans les matières controversées entre les théologiens des deux partis, résolut de défendre les armes à la main sa dignité et les biens de son église : il engagea dans son dessein Tureiohanson et plusieurs seigneurs de la Gothie occidentale, qui tâchèrent de faire soulever la province ; mais les paysans, prévenus d'estime et de respect pour le roi, refusèrent de prendre les armes, et l'évêque se vit même abandonné par tout son chapitre, qui faisait paraître beaucoup de penchant pour les nouvelles opinions.

La plupart des moines abandonnèrent leurs couvens, les uns par libertinage, et les autres pour n'avoir plus de subsistance réglée : ceux qui persévérèrent dans la religion se retirèrent parmi les Dalécarliens, qui s'étaient déclarés ouvertement contre le luthéranisme, et ils portèrent chez ces peuples leurs plaintes et leur misère. C'est, comme j'ai déjà dit, une province éloignée au nord de la Suède, peuplée d'habitans grossiers et ignorans, zélés cependant pour l'ancienne religion, à demi-sauvages, accoutumés à une vie dure, et par là propres à la guerre, mais incapables de discipline. Toute la province était remplie d'ecclésiastiques, de religieux, de séculiers, de vieillards, et même de femmes chargées de petits enfans, qui avaient abandonné leurs maisons, et qui erraient dans ces montagnes, plutôt que d'embrasser le luthéranisme. Les Dalécarliens, touchés de leurs plaintes, et irrités à leur tour de voir de nouveaux pasteurs dans leurs églises, ou que les anciens changeassent les cérémonies ordinaires, prirent les armes avec beaucoup de fureur; les prêtres et les moines se joignirent à eux, et tous les catholiques et les mécontens se jetèrent dans le même parti, les uns par zèle pour l'ancienne religion et pour défendre les biens de l'église, et les autres par ressentiment contre le roi, et pour n'avoir pas eu la part qu'ils prétendaient dans ces dépouilles ecclésiastiques.

L'évêque de Skara, ayant appris les mouvemens de la Dalécarlie, se rendit secrètement dans cette province et dans l'armée des rebelles; il était accompagné du grand maréchal et de plusieurs gentilshommes de la Gothie occidentale, qui s'étaient engagés de ne point mettre les armes bas qu'ils n'eussent obtenu le rétablissement de la religion: ils furent reçus avec de grandes acclamations par les Dalécarliens, qui déférèrent le commandement de toutes leurs troupes à Tureiohanson : ce seigneur avait trois enfans ; les deux aînés étaient auprès du roi, et le troisième était grand prévôt de l'église d'Upsal; celui-ci ayant appris que son père était à la tête des rebelles, répandait dans toute l'Uplandie des manifestes contre le roi, dans lesquels il exhortait les peuples à prendre les armes pour venger les injures faites aux autels ; il se mit lui-même à la tête de quelques troupes, dans la vue d'engager les peuples par son exemple à se soulever : le grand maréchal écrivit à ses deux autres enfans de se dérober secrètement de la cour, et de joindre leur frère, ou de se rendre auprès de lui avec ce qu'ils pourraient lui amener de leurs amis. Ces deux jeunes seigneurs n'apprirent qu'avec beaucoup d'inquiétude et de chagrin la révolte de leur père ; ils se voyaient réduits à se déclarer contre lui ou contre leur souverain, et il fallait qu'ils choisissent entre deux devoirs qui leur paraissaient également indispensables.

La fidélité pour leur souverain l'emporta sur ce qu'ils devaient à leur père, et même à la religion : ils jugèrent que dans une affaire d'état ils devaient se tenir unis à l'autorité souveraine, et que la différence du culte n'était pas un sujet suffisant pour se dispenser de l'obéissance qu'on devait à son prince légitime : ils crurent même qu'en s'attachant au service et au parti du roi ils pourraient obtenir la grace de leur père, et qu'il était plus à propos de se mettre en état par leur fidélité de faire pardonner un crime d'état que de s'en rendre coupables dans l'espérance d'une meilleure fortune. Ces deux jeunes seigneurs portèrent leurs lettres au roi, et ils protestèrent qu'ils étaient prêts à exposer leurs vies pour son service. Gustave les reçut fort bien et leur promit de l'emploi; il fit semblant de n'être pas surpris de ces nouvelles et de n'en rien appréhender, il ne fit même en apparence aucun mouvement pour se mettre en état de combattre les révoltés : il disait qu'il voulait éviter de prendre les armes pour n'être pas obligé de faire combattre ses sujets les uns contre les autres, et qu'il espérait sans cela dissiper cette révolte par la douceur.

Cependant il ne perdait point de temps pour faire filer secrètement ses troupes par différens endroits sur les frontières de cette province, afin d'être tout d'un coup en état d'obliger les mutins à rentrer dans leur devoir par la crainte d'être punis : d'ailleurs sur les premières nouvelles de la révolte il avait envoyé quelques personnes de la cour qui avaient des habitudes parmi les mécontens, et qui étaient connus des Dalécarliens, avec ordre de tâcher de ramener les uns et les autres à leur devoir par la douceur. Ses agens s'adressèrent d'abord à l'évêque de Skara, au grand maréchal, et aux autres mécontens qui s'étaient joints aux Dalécarliens ; ils tâchèrent de gagner les principaux par des offres avantageuses ; mais ils ne rencontrèrent que de l'opiniâtreté dans ceux qui avaient quelque mérite ; et ceux qui voulaient bien traiter avaient si peu de considération dans le parti et tant de prétentions qu'ils ne crurent pas les devoir acheter si cher : ils réussirent mieux auprès des Dalécarliens ; ils obligèrent ces paysans d'envoyer des députés à la cour, sur l'espérance dont ils les flattèrent que Gustave ne refuserait rien à des gens à qui il devait toute sa gloire et sa couronne, mais en effet pour les amuser, afin qu'ils se tinssent moins sur leurs gardes.

Les députés des Dalécarliens, séduits par

les manières timides en apparence dont le roi dissimulait leur révolte, crurent prescrire à leur gré toutes les conditions du traité; ils demandèrent avec beaucoup de hauteur, au nom de leur province et de tous les catholiques du royaume, que le luthéranisme fût puni en Suède comme un crime capital; que l'on cassât le mariage des prêtres et des moines; qu'on restituât les cloches et l'argenterie des églises; qu'on fît brûler sans distinction et sans égard pour personne tous ceux qui seraient convaincus d'avoir mangé de la viande dans des jours défendus; que le roi s'engageât, suivant l'exemple de ses prédécesseurs, à ne passer jamais la rivière de Brunebeq, qui sépare leur province de la Westmanie, sans leur avoir donné des otages pour la sûreté de leurs priviléges, et sur-tout que ce prince et ses courtisans reprissent l'ancienne manière de s'habiller sans emprunter davantage les modes et les parures des étrangers.

Gustave flatta ces députés de l'espérance d'obtenir une partie de leurs demandes, pendant qu'il se disposait toujours secrètement à les surprendre avec toutes ses forces. Il n'eut pas plutôt appris que ses troupes étaient arrivées à une journée du rendez-vous qu'il leur avait marqué, qu'il renvoya les députés, et il leur ordonna de dire à leurs compatriotes qu'il ne savait point composer avec ses sujets, et qu'ils eussent à se trouver en armes dans la plaine de Tuna pour y recevoir la bataille qu'il était résolu de leur présenter à la tête de son armée, ou qu'ils chassassent les mécontens de leur province, et qu'ils vinssent désarmés lui demander pardon; sinon qu'il mettrait tout dans leurs villages à feu et à sang.

Il partit en même temps en poste pour se rendre à la tête de ses troupes. Les Dalécarliens et les mécontens furent également surpris de la diligence et de la résolution de ce prince : au seul bruit de l'approche du roi, la terreur et la défiance se répandirent dans leur armée. Tureiohanson et ceux de son parti craignaient que les Dalécarliens ne fussent gagnés secrètement, et qu'ils n'eussent fait leur paix en particulier aux dépens de leurs têtes, et ces paysans appréhendaient réciproquement d'être abandonnés de ces seigneurs; ils s'observaient mutuellement, et la crainte d'être ennemis les rendit insensiblement ennemis.

L'évêque de Skara et Tureiohanson, ne se croyant pas en sûreté dans le camp des Dalécarliens, se sauvèrent secrètement en Norwége, d'où ils se rendirent dans les Pays-Bas auprès de Christiern; les autres mécontens, épouvantés de leur fuite, se dissipèrent chacun de leur côté. Les Dalécarliens, se voyant sans chefs, prirent le parti d'obéir et de se soumettre : ils passèrent dans la plaine de Tuna, où Gustave les attendait à la tête de son armée : ce prince les fit envelopper par sa cavalerie; il commanda en même temps qu'on lui nommât les chefs de la révolte : les paysans, saisis de frayeur, ne les eurent pas plutôt indiqués que ce prince leur fit couper la tête sur-le-champ, afin d'arrêter par un exemple et une sévérité nécessaires, l'humeur séditieuse et inconstante de ces peuples. C'est ainsi que par un artifice innocent et une vigilance louable il sut apaiser une grande révolte sans qu'il en coûtât de sang à ses sujets, et sans diminuer les forces de l'état.

Ce furent les derniers efforts d'une liberté effrénée et tumultueuse, qui allait céder la place à une autorité d'autant plus pacifique qu'elle fut plus absolue. Tout ploya depuis sous la puissance du prince; tout le monde embrassa le luthéranisme, les uns par intérêt et pour faire leur cour, les autres portés par aversion pour la vie toute séculière des ecclésiastiques. Les docteurs luthériens en gagnèrent quelques-uns en leur persuadant que les opinions de leur maître, qu'on traitait injustement de nouveautés, n'étaient autre chose que le christianisme des premiers siècles, dégagé de toutes les superstitions des moines; et il y en eut plusieurs qui tâchèrent de se le faire accroire pour n'être pas obligés de quitter leurs biens et leur pays.

Gustave, voyant que la plus grande partie des Suédois avaient changé de religion, se déclara enfin lui-même luthérien : il choisit Olaüs Petri pour pasteur de l'église de Stockholm, et il nomma à l'archevêché d'Upsal son frère Laurent Petri; il fit épouser à ce nouveau prélat une demoiselle de ses parentes, afin que l'honneur de son alliance adoucît aux yeux du peuple ce qu'un mariage si extraordinaire pouvait encore avoir de scandaleux, peut-être aussi dans la vue qu'une alliance aussi illustre lui tînt lieu de compensation pour les grands biens qu'il avait détachés de ce riche bénéfice (*a*). Le roi se fit couronner quelque temps après par ce prélat : la cérémonie s'en fit à Upsal avec toutes les solennités requises, et ce prince fit en même temps chevaliers tous les sénateurs et les principaux seigneurs de la cour.

Toute la Suède était luthérienne ; le roi, les sénateurs, les évêques, et toute la noblesse, faisaient profession publique de cette doctrine; mais comme la plupart des curés de la campagne et les ecclésiastiques du second ordre n'avaient pris ce parti que par contrainte ou par faiblesse, on voyait dans plusieurs églises du royaume un mélange bizarre de cérémonie catholique et de prières luthériennes ; des prêtres et des curés mariés disaient encore la messe en plusieurs endroits suivant le rituel et la lithurgie romaine ; on administrait le sacrement de baptême avec toutes les prières et les exorcismes que l'église a établis, et on enterrait encore les morts avec les mêmes prières qu'on emploie pour demander à Dieu le soulagement des ames des fidèles, quoique la doctrine du pur-

(*a*) An 1528, 12 janvier.

gatoire fût condamnée par les luthériens.

Le roi voulant établir dans son royaume un culte uniforme, si nécessaire pour la paix d'un état, sur-tout dans une monarchie, convoqua une assemblée générale de tout le clergé du royaume en forme de concile national.

(*a*) L'assemblée se tint à Œrebro (*b*), capitale de la Néricie, et le chancelier Larz-Anderson y présida de la part du roi : les évêques, les docteurs, et les pasteurs des principales églises composèrent ce concile luthérien; ils reconnurent la confession d'Ausbourg pour règle de leur foi; ils renoncèrent solennellement à l'obéissance qu'ils devaient au chef de l'église; ils ordonnèrent qu'on abolirait entièrement le culte de l'église romaine; ils défendirent qu'on fît à l'avenir aucune prière pour les morts; ils empruntèrent des églises luthériennes d'Allemagne la manière d'administrer le baptême et la cène; ils déclarèrent le mariage des prêtres légitime; ils proscrivirent le célibat et les vœux des religieux; ils approuvèrent de nouveau l'or-

(*a*) An 1529.

(*b*) Loccenius, lib. VI, p. 276. Bazius, Historia ecclesiastica Suec.

donnance des états de Westeràhs, qui les avait dépouillés de leurs priviléges, et de la plupart de leurs biens; et les ecclésiastiques qui firent ces réglemens étaient presque les mêmes qui un an auparavant avaient fait paraître tant de zèle pour la défense de la religion : tant il est vrai qu'il n'y a quasi personne qui résiste long-temps à la crainte de la persécution ou à l'espérance de la faveur !

Ils eurent cependant beaucoup de peine à abolir la pratique de l'église romaine dans l'administration des sacremens : le peuple et les femmes sur-tout souffraient impatiemment qu'on eût retranché les cérémonies du baptême et les prières pour les morts; on entendait des plaintes et des murmures sur cela dans tout le royaume : la plupart des femmes, par un excès de crainte qui venait peut-être autant de tempérament que de vertu, appréhendaient que, faute de l'usage du sel et des exorcismes ordinaires, leurs enfans ne fussent pas bien baptisés; et un reste de foi sur l'article du purgatoire excitait en elles une inquiétude pour leurs parens décédés, que toute l'éloquence des pasteurs luthériens ne pouvait calmer.

Gustave, craignant que les plaintes et le mécontentement du peuple ne causassent une nouvelle révolte, ordonna aux pasteurs et aux ministres luthériens d'user de condescendance pour ceux qui demandaient avec opiniâtreté les anciennes cérémonies, et de n'établir les nouvelles qu'autant qu'ils y trouveraient de disposition dans l'esprit des peuples.

(a) Ce prince ayant terminé l'affaire de la religion, en entreprit une autre qui ne devait pas faire entrer moins d'argent dans ses coffres. La plupart des provinces de Suède étaient autrefois remplies de vastes forêts. Les rois Olaüs Tratælia, Braut-Amund (b), et quelques-uns de leurs successeurs, en firent défricher la plus grande partie; ils donnèrent ces nouvelles terres à titre de fief à la noblesse, à condition de payer une certaine redevance à la couronne; les seigneurs et les gentilshommes s'étaient exemptés insensiblement, et à la faveur des guerres civiles, de payer ces anciens droits, et une longue prescription en avait aboli entièrement l'usage. Le roi fit

(a) An 1530.

(b) En 824 et 891.

revivre ces droits; il demanda à la noblesse qu'elle abandonnât les fiefs, ou qu'elle se soumît d'en payer les redevances. Les demandes et les prétentions de ce prince étaient peu différentes des lois et des ordres les plus absolus. La noblesse, effrayée de cette recherche, demanda à composer : les principaux de chaque province traitèrent avec le chancelier; ils convinrent de payer au roi dix marcs d'argent pour chaque fief, et comme on l'appelait en ce temps là pour chaque terre tributaire de la couronne.

Tout succédait à ce prince selon ses désirs, et au-delà même de ses espérances. Le changement qu'il venait de faire dans la religion lui paraissait la plus heureuse et la plus importante affaire de son règne; il lui semblait qu'il avait conquis la Suède une seconde fois sur le clergé, qui ne lui était pas moins redoutable que les Danois. De tous ses ennemis il n'y avait plus que Christiern qui lui donnât de l'inquiétude.

Ce prince était toujours retiré en Flandre, d'où il sollicitait continuellement l'empereur son beau-frère de contribuer à son rétablissement. Gustave entretenait auprès de lui des espions qui l'avertirent que ce prince faisait des levées de troupes dans toute la Hollande. Ces nouvelles lui firent croire qu'on allait enfin voir éclore les menaces et le dessein d'une descente dans les royaumes du nord, et que la Suède et le Danemarck allaient devenir le théâtre de la guerre. Il en donna avis aussitôt au roi Fridéric, et il songea en même temps à se fortifier contre la maison d'Autriche par quelque alliance considérable : il crut que les princes luthériens d'Allemagne, jaloux et inquiets de la puissance de l'empereur, seraient plus disposés à entrer dans ses intérêts par la conformité de religion. Dans cette vue il fit demander en mariage la fille aînée du duc de Saxe Lawenbourg : le duc, charmé de la valeur et de la réputation de Gustave, lui accorda avec plaisir la princesse sa fille ; il la fit conduire avec une escorte nombreuse à Lubeck. Gustave l'y envoya prendre (*a*) avec toute sa flotte, qui l'emmena heureusement à Stockholm, où le mariage se célébra avec toute la joie et la magnificence ordinaires en pareilles fêtes. Le roi fit passer en même temps auprès du duc de Saxe, son beau-

(*a*) An 1531, 24 septembre.

père, le fils du défunt administrateur, sous prétexte de le faire voyager, mais en effet pour ôter de devant les yeux des Suédois un jeune prince à qui il semblait que la couronne appartenait, et dont la présence excitait la compassion des plus modérés, et pouvait servir de prétexte aux mécontens.

A peine les cérémonies des noces de Gustave étaient achevées, qu'il apprit que Christiern faisait enfin embarquer secrètement beaucoup de troupes dans un port de Hollande. Il dépêcha un nouveau courrier au roi de Danemarck, comme ils en étaient convenus, et il se rendit en même temps à la tête de son armée pour observer les ennemis, et pour empêcher les mécontens et les catholiques de favoriser la descente de ce prince.

L'empereur l'avait toujours flatté de l'espérance de le rétablir lui-même dans ses états à la tête de toutes les forces de l'empire; mais la guerre presque continuelle qu'il avait avec la France ne lui permettait guère de songer à cette expédition. Christiern, rebuté de ne voir nul effet de ses promesses, et ennuyé sur-tout de représenter si long-temps dans un pays étranger le triste personnage de roi sans couronne, résolut de tenter, avec quelques troupes qu'il avait ramassées, de rentrer dans ses états.

Tureiohanson, toujours brave dans les conseils, ne cessait d'exhorter ce prince à faire quelques entreprises sur la Suède : il lui représentait, pour le flatter et pour se rendre nécessaire, que tous les Suédois, au désespoir du changement de religion, lui tendaient les mains, et soupiraient après son rétablissement ; qu'il ne demandait lui-même que trois mille hommes de cavalerie pour débarquer en Suède, et qu'il était sûr que la première messe qu'il ferait dire dans son camp attirerait tous les mécontens, et jusqu'aux soldats de Gustave; que ce prince, si habile en apparence et si grand politique, venait de signer son abdication dans l'assemblée ecclésiastique d'Œrebro, où l'on avait aboli entièrement la religion catholique ; qu'excepté un petit nombre de courtisans, et quelques officiers de guerre à qui il avait fait part des dépouilles du clergé, tout le reste de la nation détestait sa tyrannie et le changement de religion ; il ajouta qu'il s'était défait de la cavalerie étrangère, et que son infanterie n'était composée que des milices ordinaires, qui passeraient en foule sous ses enseignes sitôt qu'il aurait fait publier qu'il ne revenait en Suède que pour rétablir la religion et le clergé.

Christiern, ébloui de ces raisons, se détermina à tenter le sort des armes. Il avait environ dix mille hommes, tous aventuriers de différentes nations, qu'il avait ramassés pendant sa retraite dans les Pays-Bas; il en chargea trente vaisseaux, et partit d'un port de Hollande dans le dessein de faire sa descente en Norwége. Il y avait peu de troupes dans ce royaume, qui semble être assez défendu par la stérilité du terroir, et par les rochers et les montagnes dont presque tout le pays est couvert. Ce prince savait qu'il y était moins attendu que dans les deux autres royaumes du nord : il espérait entrer ensuite dans la Suède par la Gothie occidentale, ou par la Dalécarlie, et il se flattait que les paysans, irrités du supplice de leurs compatriotes, prendraient de nouveau les armes, et se déclareraient en sa faveur.

(*a*) Ce prince fut battu pendant sa route

(*a*) An 1532.

d'une horrible tempête, qui écarta toute sa flotte, et qui fit périr quelques vaisseaux : il pensa lui-même faire naufrage proche des côtes de Norwége; ce ne fut qu'avec des peines infinies qu'il gagna le golfe de Bahus avec le reste de sa flotte; il débarqua ses troupes sans trouver personne qui s'opposât à sa descente. Il avait fait dessein de passer dans la Gothie occidentale, où il espérait faire subsister ses troupes plus aisément que dans la Norwége : mais ayant appris que Gustave avait fait avancer un corps considérable de cavalerie pour lui défendre l'entrée de cette province, il fut contraint de tourner du côté du nord, et vers la Dalécarlie. Il assiégea Opslo qui se trouvait sur son chemin. Cette ville, n'étant point en état de faire résistance, lui ouvrit ses portes; il força ensuite le château de Carlostat, et se rendit maître quelques jours après de Konghell. Ces petits succès attirèrent dans son armée quantité de paysans norwégiens, qui ne prirent les armes que dans l'espérance de piller les frontières de Suède. L'archevêque Troll se rendit auprès de lui à la tête de quelques troupes qu'il avait levées dans le Brandebourg. Christiern n'était guère plus catholique que Gustave; mais il avait intérêt de le paraître parce que son ennemi s'était déclaré luthérien, et il ne pouvait espérer de le chasser et de se rétablir que par le moyen du clergé et des catholiques. Il fit publier une amnistie générale en forme de manifeste, que les émissaires de l'archevêque répandirent avec soin dans toute la Suède : il protestait, dans cet écrit, qu'il ne revenait principalement dans le royaume que pour défendre la religion : ses créatures publiaient que l'adversité l'avait heureusement corrigé ; qu'il était devenu doux, affable, bienfaisant, et sur-tout qu'il avait repris en Flandre et auprès de la maison d'Autriche un attachement inviolable pour la religion catholique.

Ces discours et son manifeste attirèrent dans son parti, et jusque dans son armée, plusieurs catholiques suédois, et entre autres quelques Dalécarliens qui l'invitèrent de passer dans leur province. Ces paysans souffraient impatiemment qu'on eût changé les cérémonies de l'église, et sur-tout ils ne pouvaient s'accoutumer à entendre chanter les louanges divines en leur langue : ils offrirent à Christiern de prendre les armes, et de se soulever en sa faveur sitôt qu'il entrerait dans leur province, pourvu que de son côté il voulût s'engager à faire brûler tous les luthériens quand il serait rétabli sur le trône.

Christiern eût bien souhaité de pouvoir passer dans la Dalécarlie, mais il en fut empêché par la neige qui couvrait toutes les montagnes qui séparent cette province du royaume de Norwége; cependant, comme il ne voulait pas laisser ses troupes inutiles, il s'avança du côté d'Aggerhuns, qu'il assiégea malgré la rigueur de l'hiver. Magnus Gyllinstiern, seigneur danois et vice-roi de Norwége, se jeta dans cette place. Christiern employa inutilement les promesses et les menaces pour le gagner : ce seigneur fut inébranlable. Il dépêcha plusieurs couriers l'un sur l'autre au roi Fridéric pour lui donner avis de la descente de son ennemi : il lui fit savoir que ce prince avait beaucoup de peine à recouvrer des vivres, et il l'assura que le froid seul et la neige défendaient si bien Aggerhuns, qu'il se voyait en état d'attendre tranquillement plus de quatre mois le secours de Danemarck.

Fridéric fit embarquer des troupes sur sa

flotte sitôt que la mer fut dégagée des glaces; il donna la conduite de cette armée à Canut Gyllinstiern, élu évêque d'Odensée en Fionie, et à Eric Gyllinstiern, tous deux frères du vice-roi de Norwége. Fridéric fit choix de ces deux seigneurs comme plus intéressés à la défense de leur frère, et dans la vue qu'ils feraient de puissans efforts pour l'empêcher de tomber entre les mains d'un prince qui, malgré la foi de tous les traités, faisait ordinairement peu de quartier à ses ennemis.

Gustave de son côté fit plusieurs détachemens de son armée pour couvrir toute la frontière de Suède; il ordonna aux commandans de ses troupes d'observer les mouvemens de Christiern, et d'agir de concert avec les généraux de Fridéric; il fit passer un nombre considérable de troupes dans la Dalécarlie pour empêcher les paysans de remuer, et il se tint lui-même à la tête de son armée pour contenir les catholiques et les mécontens dans l'obéissance. Les deux frères Gyllinstiern ayant monté la flotte de Fridéric, mirent à la voile; ils tinrent leur route du côté de la Norwége, dans le dessein de combattre la flotte de Christiern : ils trouvèrent les vaisseaux de ce prince dans le golfe de Bahus; ils les attaquèrent, et après un combat qui dura un jour entier, ils les brûlèrent tous sans qu'il en échappât un seul; ils mirent ensuite à terre les troupes de débarquement, qui marchèrent en même temps au secours du vice-roi.

Christiern, ayant appris la perte de ses vaisseaux et la descente des Danois, leva le siége d'Aggerhuns: il voulut encore tenter d'entrer en Suède par la Gothie occidentale; mais il trouva en son chemin trois mille chevaux suédois qui s'opposèrent à son passage; il se vit alors pressé par les Danois et par les Suédois qui agissaient de concert, et qui s'avançaient pour le combattre. Il se jeta dans la petite ville de Konghell, et il s'y retrancha, plutôt pour différer sa perte de quelques jours que dans l'espérance de se sauver: il se trouva investi de tous côtés, enfermé dans des montagnes affreuses et encore couvertes de neiges; il n'avait ni vivres ni provision, et la faim le pressait encore plus que ses ennemis. Les malheurs de ce prince lui aigrirent l'esprit, qui n'était que trop susceptible de colère et d'emportement; il soupçonna Tureiohanson, qui lui avait dit en Flandre que Gustave avait peu de cavalerie, de s'entendre avec ce prince; et le regardant avec des yeux pleins de fureur, et qui semblaient lui annoncer la mort, il lui demanda si c'étaient des escadrons de femmes suédoises que toutes les troupes qu'on voyait répandues du côté de la Gothie. Le grand maréchal voulait lui répondre et se justifier, mais il lui commanda de se retirer, et on trouva le lendemain dans les rues de Konghell ce seigneur qui nageait dans son sang, et qu'on avait égorgé la nuit, apparemment par les ordres secrets de Christiern.

Cependant ce malheureux prince se trouvait pressé de plus en plus par la faim; ses ennemis occupaient tous les passages, et ils s'y étaient retranchés d'une manière qu'on ne pouvait pas même les contraindre d'en venir à un combat. La faim combattait pour eux, et dans un état si misérable Christiern ne pouvait pas même espérer la triste consolation de mourir l'épée à la main. La plupart de ses troupes périrent de misère; ses soldats, pressés par la faim, désertaient même à sa vue; il n'y avait plus ni ordre ni commandement :

la mort qui paraissait inévitable fit abandonner un prince qu'on n'aimait pas, et qu'on ne craignait plus ; plusieurs officiers de son armée passèrent dans le camp des Danois, et ils se trouvèrent bien heureux qu'on voulût leur donner du pain pour prix de leur liberté.

L'évêque d'Odensée, touché de compassion pour un prince qui avait été autrefois son souverain, lui fit proposer une entrevue. Christiern s'étant trouvé au lieu de la conférence, ce prélat l'exhorta de se rendre plutôt que de périr de faim et de misère : il lui dit qu'il pouvait encore faire un accommodement utile avec le roi son oncle, et qu'il y avait assez de souverainetés dans la maison royale d'Oldembourg pour qu'ils pussent faire entre eux un traité également avantageux aux deux partis ; il l'exhorta de venir à Copenhague ; il lui représenta que l'état malheureux de sa fortune toucherait infailliblement Fridéric ; que dans une entrevue la force du sang agirait sur le cœur de ce prince ; et il l'assura en même temps qu'en cas qu'il n'en pût obtenir des conditions honorables et conformes à sa naissance et à sa première dignité, il s'engageait à le ramener lui-même en Norwége, et jusque dans Konghell, dont il reconnaissait qu'il était encore maître, ou qu'il le ferait conduire en toute sûreté jusque sur les terres de l'empereur.

Christiern, flatté par ce discours et pressé par ses soldats, traita avec ce prélat et avec ses deux frères qui commandaient les troupes de Fridéric. Il en obtint un sauf-conduit et des vivres pour l'archevêque Troll et pour tous ceux qui avaient suivi son parti. Il se remit entre les mains de l'évêque d'Odensée : ce prélat demeura encore quelque temps en Norwége pour rétablir le calme dans ce royaume : il en partit avec Christiern, auquel il renouvela les assurances d'une sûreté inviolable; mais ce prélat s'était engagé à des conditions délicates, et qui passèrent sa commission et ses pouvoirs : il ne savait pas qu'un prince ne pardonne guère les entreprises qu'on fait sur sa couronne, et qu'un usurpateur hasarde beaucoup en laissant la vie et la liberté à un prince qu'il a dépouillé.

Christiern ne fut pas plutôt arrivé à Copenhague que le roi Fridéric l'envoya arrêter par le capitaine de ses gardes. Il fut conduit dans le château de Sonderbourg, malgré les protestations de l'évêque d'Odensée : il y fut enfermé pendant quatorze ans. Christiern III, son cousin germain, fils et successeur de Fridéric, adoucit un peu la rigueur de sa captivité ; il en coûta à ce malheureux prince une renonciation expresse aux couronnes de Danemarck, de Suède et de Norwége : on lui permit, après qu'il eut signé cet acte, de sortir pour prendre le plaisir de la chasse ou de la pêche. Christiern III lui assigna les revenus du château de Kallundborg, et de l'île de Scebygaard pour son entretien, et il lui donna le château de Koldinger pour sa demeure ; il y fut traité en prince jusqu'à sa mort (*a*) par un seigneur danois qui, sous la qualité de gouverneur du château, veillait cependant à sa conduite, ou devait répondre de sa personne.

L'archevêque Troll, unique et malheureux confident de ce prince, se retira à Lubeck à la faveur du sauf-conduit qu'il avait obtenu de l'évêque d'Odensée. Il y forma quelque temps après une ligue avec la régence de cette

(*a*) En 1556.

ville et le prince Christophe d'Oldenbourg, cadet de cette maison (*a*). Le but des confédérés était de délivrer Christiern II, qui était encore dans le château de Sonderbourg. Ce prélat leva des troupes, et prit lui-même les armes, parmi lesquelles il n'avait déjà que trop profané la sainteté de son caractère. Il fut blessé et pris dans un combat qui se donna dans la Fionie entre les troupes de Christiern III et celles de Lubeck, et il fut conduit à Sleswich en Holsace, où il mourut de ses blessures.

Gustave, heureusement délivré de tous ses ennemis, régna dans la suite sans inquiétude, et avec autant d'autorité que s'il fût né sur le trône. Tous les princes de l'Europe qui n'étaient pas dépendans de la maison d'Autriche lui donnèrent des marques éclatantes de l'estime qu'ils faisaient de son mérite et de sa valeur. (*b*) François Ier, roi de France, nonobstant la différence de religion, lui envoya l'ordre de Saint-Michel, le seul qui fût établi en ce temps-là en France; il se fit même une ligne défensive entre ces deux

(*a*) An 1535.

(*b*) An 1542.

princes contre l'empereur et la maison d'Autriche, et ils s'engagèrent par leur traité à s'assister mutuellement, en cas de guerre, de six mille hommes soudoyés, et même de vingt-cinq mille hommes et de cinquante vaisseaux, si le prince attaqué et en guerre le requérait, à condition d'en payer l'entretien et la dépense. Gustave fut le premier roi de Suède qui fit connaître de quel poids ce royaume pouvait être dans les affaires générales de l'Europe. Les princes de la ligue de Smalkade l'invitèrent de s'unir avec eux pour la défense commune de leur religion, et ils se trouvèrent heureux et honorés d'avoir un si grand roi dans leur parti.

Il ne manquait au bonheur de ce prince que de voir sa couronne, qui était élective, assurée à ses enfans et à sa postérité. C'était une affaire d'autant plus difficile que la noblesse était infiniment jalouse de ce droit, et qu'elle n'ignorait pas que la succession héréditaire entraînait la puissance absolue, et ruinerait insensiblement tous les priviléges de la nation.

Le roi ne laissa pas de convoquer les états-généraux à Westeràhs dans la vue d'y faire abolir le droit et l'usage de l'élection. Ce prince habile représenta à toute l'assemblée les services que sa maison avait rendus à la Suède, et en même temps il fit souvenir les députés de tous les malheurs que les brigues et les différens partis avaient causés dans le concours des élections. Il ne se trouva personne dans les états qui osât s'opposer à ses desseins. Les chefs des premières maisons et les anciens sénateurs avaient péri dans le massacre de Stockholm, et les jeunes seigneurs étaient nés depuis son règne, et accoutumés à une obéissance aveugle ; il ne paraissait plus aucune trace de la première liberté, et de la forme de l'ancien gouvernement. Les députés consentirent avec beaucoup de soumission à supprimer le droit d'élection en faveur du prince Eric et des autres princes ses enfans et leurs successeurs tant en ligne directe que collatérale.

(a) On fit un acte solennel de cette renonciation, qui fut appelée l'union héréditaire, et qui assura la couronne et la puissance absolue à ses enfans et à ses successeurs. Christiern III, roi de Danemarck, n'apprit cette

(a) An 1544.

nouvelle qu'avec beaucoup de chagrin et de jalousie. Les Danois conservaient toujours leurs anciennes prétentions sur la Suède ; l'union héréditaire ruinait absolument l'union de Calmar. Christiern écartela dans son écu les trois couronnes, qui sont les armes particulières de la Suède, comme une protestation publique de ses droits, et sous prétexte apparemment que la reine Marguerite de Waldemar avait régné sur les trois royaumes du nord, quoique peut-être par une pareille raison les rois de Suède eussent pris ces trois couronnes pour armes, puisqu'on les trouvait dans l'écu et les sceaux des rois S. Eric et Birger II, dès le milieu du douzième siècle.

Gustave envoya des ambassadeurs à Christiern pour se plaindre de cette entreprise ; mais il ne put rien obtenir de ce jeune prince ambitieux, fier de quelques avantages qu'il avait remportés sur les villes anséatiques, et entêté sur-tout de ses anciennes prétentions. Le roi se trouvant avancé en âge, affaibli et cassé par les fatigues de la guerre, dissimula son ressentiment ; il ne trouva pas à propos de s'engager dans une nouvelle guerre, ni de commettre sa fortune et celle de ses enfans dans un temps où il se conservait son autorité plutôt par sa réputation que par ses armes; il savait combien vaines étaient des prétentions sans jouissance contre la possession actuelle où il était de la couronne, et qu'il venait d'assurer à sa postérité par un acte solennel (*a*). Il mit adroitement l'affaire en négociation; et les deux rois convinrent par un traité fait à Brômsebrò d'en surseoir la décision jusqu'à cinquante ans.

Gustave ayant établi une paix solide dans ses états, ne songea plus qu'à y faire fleurir le commerce; il reçut indifféremment dans ses ports les vaisseaux marchands des Français et des Hollandais, pour se tirer de la dépendance de la ville de Lubeck, qui s'était emparée de tout le négoce de la Suède; ce prince fit ensuite construire plusieurs citadelles sur les frontières de son royaume, et il bâtit en différens endroits des maisons royales avec une magnificence peu connue auparavant des Suédois : il ne séjournait guère cependant dans un même endroit; il parcourait successivement toutes les provinces; il

(*a*) An 1546.

était toujours accompagné d'une cour nombreuse, qui excitait la curiosité et l'admiration des peuples, et qui servait à les accoutumer par son exemple à révérer l'autorité du prince ; il signait lui-même les ordres et les dépêches ; toutes les affaires allaient directement à lui; il écoutait tout le monde avec bonté, et rendait justice avec exactitude, et même avec beaucoup de sévérité ; religion, finances, bâtimens, et jusqu'aux différens et aux procès de sa noblesse, tout lui était rapporté : il gouvernait dans la paix sans ministre, comme il avait fait la guerre sans généraux ; il régnait lui seul sans favori, et même sans maîtresse, n'ayant pour objet que sa gloire et que la félicité et le repos de ses sujets. Il songea peu de temps avant sa mort à marier le prince Eric, son fils aîné, et à fortifier sa maison par quelque alliance considérable ; il jeta les yeux sur Elisabeth, reine d'Angleterre, que les plus grands princes de l'Europe recherchaient avec empressement : cette habile princesse leur donnait tour-à-tour des espérances selon son inclination et les différens intérêts de son état ; mais il parut par sa conduite qu'elle avait pris une résolution secrète de n'en épouser jamais aucun.

Gustave lui envoya des ambassadeurs pour lui proposer une alliance étroite entre les deux nations, et le chef de l'ambassade était chargé de pressentir le goût et les inclinations de la reine au sujet de ce mariage. Denis Beuré, gouverneur du prince, avait obtenu cette commission ; il était Français de naissance, mais calviniste zélé, et qui se flattait, à la faveur de ce mariage, sous le règne d'Eric, de pouvoir un jour établir le calvinisme en Suède.

La reine reçut avec des marques extérieures de bienveillance tout ce qu'il lui proposa de la part du roi son maître au sujet du commerce et de l'alliance entre les deux nations : elle s'expliqua même d'une manière favorable, quoiqu'en termes généraux, au sujet du prince Eric. L'ambassadeur ayant pris pour des engagemens effectifs tout ce que cette princesse avait dit d'obligeant du fils de son maître, s'en retourna promptement à Stockholm comme s'il eût consommé sa négociation ; il assura le roi à son retour qu'il ne manquait que la présence du prince pour achever cette grande affaire, et qu'il ne doutait pas que sa bonne mine et son mérite ne déterminassent la reine en sa faveur. Le prince Eric, prévenu par son gouverneur, sollicitait instamment du roi son père de consentir qu'il passât en Angleterre ; mais Gustave, jaloux de la gloire de sa maison, ne voulait point exposer l'héritier présomptif de sa couronne à un refus, ni consentir qu'il sortît du royaume qu'il n'y eût des articles signés.

Peut-être même qu'une raison encore plus importante, quoique plus secrète, l'obligea à rejeter ce voyage. Le prince Eric était né avec beaucoup de graces de la nature, le visage et le port majestueux, un air d'empire et d'autorité, du feu et de l'ardeur dans toutes ses manières, et certaine impétuosité que le peuple prend volontiers pour de la valeur et du courage ; mais ces avantages et ces graces extérieures étaient effacés par des défauts secrets, que le roi son père connaissait, et qu'il ne voulait pas que les Anglais pénétrassent : ce prince avait hérité de la reine sa mère une espèce de transport dans la tête, et un égarement de sa raison qui lui prenait par accès et qui se tournait toujours du côté de la fureur; cette maladie lui avait laissé une impression de chagrin qui se répandait sur tous ceux qui l'approchaient, et dans sa meilleure santé il faisait paraître une dureté de cœur et une férocité dans ses mœurs qui faisait craindre sa domination avant même qu'il fût désigné et reconnu pour successeur du roi son père.

Ces raisons avaient plus d'une fois fait naître la pensée à Gustave de laisser sa couronne à son second fils, prince généreux, bienfaisant, et qui par ses caresses et ses manières pleines de bonté s'était fait des créatures dévouées de tous ceux qui devaient être les sujets de son frère; mais le roi craignant d'exciter par cette préférence une guerre civile dans sa famille et dans le royaume, résolut de régler sa succession selon l'ordre de la naissance : cependant pour contenter le prince Eric, à qui son gouverneur avait inspiré une passion violente pour le mariage d'Angleterre, il consentit à la fin que le prince Jean, son second fils, passât à Londres, sous prétexte de voyager, et qu'il tâchât de tirer un aveu et des paroles positives de la reine.

Ce jeune prince, étant arrivé à la cour d'Angleterre, fut reçu d'Elisabeth avec beaucoup de démonstrations de joie; elle le traita magnifiquement; elle l'invita à des parties de chasse, et le mit de tous ses plaisirs; enfin cette habile et adroite princesse, qui faisait servir ces projets différens de mariage à ses intérêts et à sa politique, n'oublia rien pour éblouir ce jeune prince, et pour lui faire comprendre que sa présence et les propositions dont il était chargé lui étaient également agréables; mais elle se défendit d'entrer plus particulièrement en matière sur ce qu'elle disait que l'état présent de ses affaires ne lui permettait pas de conclure ce mariage aussitôt qu'elle l'eût pu souhaiter; prétexte ordinaire dont elle amusait tous les princes qui s'attachaient à elle, et qu'elle souffraît volontiers pour amans, mais qu'elle ne pouvait se résoudre d'accepter pour maris.

Le retour du prince Jean en Suède fit comprendre aisément au roi que le prince Eric son fils aîné ne serait pas plus heureux à la poursuite de ce mariage que le roi d'Espagne (*a*), le duc d'Alençon, l'archiduc, le comte de Leycestre, mylord Courtenay, et tant d'autres que cette princesse flattait de cette espérance tour-à-tour, et souvent en même temps. Mais le prince Eric, entêté et prévenu par son gouverneur, crut que sa présence triompherait de tous les obstacles ; il accusa même le prince son frère d'avoir traversé cette affaire par jalousie de son élévation, et peut-être par des vues d'intérêt : il fit agir par prières et par menaces tous les sénateurs et les ministres du roi son père pour obtenir la liberté de faire ce voyage. Gustave, craignant que cet esprit farouche et indomptable ne partît sans son consentement, ou qu'il ne causât quelques troubles dans le royaume, lui permit enfin de passer en Angleterre, et il nomma les personnes qui le devaient suivre et accompagner.

Il fit ensuite son testament et le partage des princes ses enfans ; il laissa sa couronne au prince Eric ; il donna le duché de Finlandie au duc Jean, la Gothie orientale à Magnus, et la Sudermanie à Charles : ces princes de-

(*a*) Philippe II.

vaient posséder ces provinces à titre de principauté, quoique toujours relevantes de la couronne de Suède pour la foi et hommage.

Le prince Eric ne vit ce partage qu'avec beaucoup de jalousie et un violent chagrin : il fut sur le point de prendre les armes pour en demander la révocation ; mais la crainte de Gustave, qui était le roi de ses enfans comme du reste de ses sujets, l'empêcha d'éclater ; il dissimula son ressentiment dans la résolution de se faire justice lui-même quand il serait dépositaire de la souveraine puissance. Il se disposait à partir pour l'Angleterre lorsqu'il fut retenu dans le port d'Elfsbourg par les nouvelles de la mort du roi son père.

Ce prince se sentit attaqué à Stockholm d'une fièvre interne qui le consuma insensiblement. Il ne relâcha rien pour cela de son travail et de son application ; il voulut régner jusqu'au dernier moment de sa vie. Peu d'heures avant de mourir il envoya quérir le secrétaire d'état Eric Sténon, auquel il dicta des mémoires qui concernaient les plus secrètes affaires du royaume ; il fit venir ensuite les princes ses enfans ; il leur recommanda l'union entre eux, et l'obéissance au prince Eric, qui allait devenir leur souverain; il leur donna sa bénédiction, et les fit retirer aussitôt de peur de s'attendrir parmi les larmes de toute sa famille : il congédia même ses médecins, qui dans cette extrémité le flattaient encore de l'espérance de recouvrer sa santé ; il voulut employer les derniers momens de sa vie à penser uniquement à Dieu. (*a*) Il mourut tranquillement entre les bras des officiers de sa chambre, âgé de soixante-dix ans. Son corps fut porté à Upsal, et ses obsèques y furent célébrées par des éloges publics, par les larmes de tous ses sujets, et par le souvenir de toutes les grandes actions dont sa vie avait été remplie.

Ce prince ne dut la couronne de Suède qu'à sa valeur : il régna avec une autorité aussi absolue que s'il fût né sur le trône ; il disposa à son gré de la religion, des lois, et des biens de ses sujets, et cependant il mourut adoré du peuple, et révéré par la noblesse. On peut reprocher justement à la mémoire de ce grand homme le malheur d'avoir introduit le luthéranisme dans son royaume, quoique peut-être il ne prétendît d'abord que réformer quelques

(*a*) An 1560, 29 septembre.

abus du clergé, et tout au plus appliquer aux besoins pressans de l'état une partie des grands biens des évêques ; mais les suites funestes de cette entreprise ne permettent point d'excuser un prince qui d'ailleurs mérite de si justes louanges. Il laissa son royaume en paix avec tous ses voisins, fortifié par l'alliance de la France, et enrichi par le commerce de toutes les nations de l'Europe, le domaine royal beaucoup augmenté, son épargne remplie, ses arsenaux fournis abondamment, une flotte considérable dans ses ports, les places frontières fortifiées ; en un mot la Suède redoutable à ses ennemis, et en état de se faire considérer par ses alliés.

FIN DES RÉVOLUTIONS DE SUEDE.

ABRÉGÉ
CHRONOLOGIQUE
DE L'HISTOIRE DE SUEDE.

Toutes les nations ont eu des historiens qui ont parlé de l'antiquité de leur origine avec tant d'exagération et de partialité, que l'on ne peut guère s'assurer sur ce qu'en disent les auteurs des anciennes chroniques, et les relations de ces temps si éloignés. La moindre convenance de nom a suffi à la plupart de ces écrivains anciens ou modernes, pour choisir à leur gré parmi les héros de l'antiquité, et jusque dans les premiers hommes, tel fondateur qu'il leur a plu donner à leur patrie. Entre ces historiens zélés pour l'honneur de leur pays, ceux qui nous ont donné un corps entier de l'histoire de Suède ont, ce me semble, renchéri sur tous les écrivains des autres nations. Ils assurent que la Suède est la plus ancienne monarchie, non-seulement du nord, mais même de toute l'Europe. Selon ces auteurs, ou trop crédules, ou passionnés, Magog, petit-fils de Noé, passa de la Scythie dans la Finlandie, et de là, en faisant le tour du golfe Bothnique dans la Gothie, où il établit son fils Gethar ou Gog, que ces historiens reconnaissent pour le premier prince des Goths, et pour la tige de leurs rois. Je n'entreprends point de décider ici cette fameuse question, si la Suède est la patrie originaire, ou seulement une colonie des anciens Goths : l'une et l'autre opinion a ses partisans; mais je suis persuadé qu'on aurait bien de la peine à nous prouver quels ont été les premiers habitans de ce royaume, de quelle contrée ils y sont passés, et dans quel temps ils s'y sont établis. Il ne serait pas moins difficile de prouver que la Suède ait eu des rois presque aussitôt que des habitans, comme ces anciens chroniqueurs semblent le supposer : il est assez vraisemblable que les pères et les chefs de famille ont été les premiers princes de la terre. Les hommes ne se sont point déterminés tout d'un coup à choisir l'état monarchique, et ce n'a été apparemment qu'après avoir éprouvé assez long-temps les incommodités d'une liberté tumultueuse, qu'ils se sont réunis sous l'obéissance d'un souverain.

Mais quand même quelque vieux manuscrit aurait conservé fidèlement les noms de plusieurs seigneurs qui ont dominé en Suède, qui nous a dit qu'ils étaient rois, ou simplement princes de quelque contrée particulière, et peut-être seulement juges et capitaines chacun dans leur canton? Il se peut même fort bien que la plupart de ces chefs, dont on a conservé les noms, soient contemporains, et qu'ils aient gouverné en même temps différentes provinces, mais que les historiens les aient placés successivement dans leurs ouvrages, afin d'avoir une plus longue suite de rois pour remplir le vide de leur chronologie : on sait cependant que l'histoire de Suède ne nous fournit d'époque fixe et suivie que vers le milieu du douzième siècle; avant ce temps-là on ne trouve presque partout qu'obscurité, que confusion, que faits mêlés de fables, et embellis d'un faux merveilleux, le tout tiré de vieilles légendes ou d'anciennes chansons en vers héroïques, qui faisaient toute l'histoire de ces temps-là.

Dans ces siècles reculés, les princes et les héros sont toujours géans ou d'insignes magiciens, qui signalent leurs forces et leur prétendu pouvoir par des brigandages et des cruautés inouies contre leurs ennemis; on ne connaissait encore ni justice ni honnêteté: ces vertus même n'avaient pas de nom parmi ces peuples barbares; la force décidait de tout; les plus violens étaient les plus estimés, et un prince aurait été déshonoré, qui aurait épousé une princesse qu'il n'aurait pas ravie : une bête sauvage tuée à la vue de tout le peuple, ou un ennemi surpris et assassiné dans sa maison, en faisaient un héros pendant sa vie, et souvent un dieu après sa mort.

Je ne laisserai pas de donner tous les noms de ces anciens rois comme je les ai recueillis des auteurs suédois. Je commencerai par le roi Eric Ier, qui régnait, si on les en croit, deux mille ans avant la naissance de Jésus-Christ : je marquerai la chronologie telle que ces écrivains la supposent ; mais je n'assurerai rien jusqu'à ce que je descende à des temps moins éloignés, où la vérité commence à se faire connaître avec un peu de sûreté et d'exactitude.

HISTOIRE

FABULEUSE

DE SUEDE.

(An du monde 1849.) ÉRIC I.

La naissance de ce prince nous est entièrement inconnue; on n'est pas plus instruit des moyens dont il se servit pour se rendre maître de son pays, ni de ce qui se passa sous son gouvernement. Quelques auteurs rapportent qu'il envoya des colonies considérables dans les îles de la Chersonèse cimbrique, qui font aujourd'hui partie du royaume de Danemarck. Les historiens danois ne conviennent pas du fait; apparemment que cette prétendue colonie a été supposée par quelque écrivain suédois, pour attribuer à sa nation l'honneur de l'antiquité, et même quelque supériorité sur ses voisins.

(2200.) UDDO. ALO. OTHEN. CHARLES I. BIORN GETHAR. GYLFO.

Nous n'avons rien du règne de ces princes, et la fable même nous manque; on a conservé seulement leurs noms : quelques auteurs les appellent juges ; on ne sait pas même s'ils ont gouverné en même temps ou successivement différentes provinces de ce royaume.

Intervalle de 400 ans, où la fable ne fournit pas même de noms.

(2600.) OTHIN, OU ODIN L'ANCIEN.

Fameux magicien, disposait à son gré des vents, prenait telle forme de bête sauvage qu'il voulait, et n'ignorait rien de ce qui se passait dans les lieux les plus éloignés, par le moyen de deux démons domestiques qui lui en rendaient compte. Cette réputation le fit redouter par ses ennemis, et révérer de ses sujets, qui après sa mort le mirent au nombre de leurs dieux. Les contes de sorciers et de magiciens étaient aisément crus dans des pays et dans des siècles où régnait l'ignorance.

(2637.) HUMBLUS, OU HUMELUS.

Si on en croit les historiens suédois, ce prince établit son fils aîné, appelé Dan, dans la Chersonèse cimbrique, à qui il donna le nom de Danemarck. Norus, son second fils, passa par son ordre dans les provinces du nord, où il fonda le royaume de Norwége. Il n'est pas difficile d'apercevoir que la convenance du nom de Dan avec Danemarck, et de Norus avec Norwége, a donné lieu à cette histoire.

(2712.) SIGTRUG, OU SICTRUG.

On ne sait ce que devint la postérité d'Humblus ; l'histoire n'en dit rien : les auteurs suédois marquent seulement que Sigtrug s'empara de la souveraine puissance. Il paraît que la forme du gouvernement n'était pas encore déterminée dans ce royaume : apparemment que la couronne n'était héréditaire que quand les enfans du roi se trouvaient assez puissans après sa mort pour se maintenir en sa place, et ils ne l'occupaient même qu'après s'être signalés dans quelque entreprise hardie et extraordinaire.

(2821.) SUIBDAGER, OU SUIGDAGER.

Roi de Norwége, conquête le Danemarck sur Gram, roi de ce pays. Les Suédois, charmés de sa valeur, et peut-être intimidés par sa puissance, le reconnurent pour leur souverain ; et par cette élection il se vit en même temps maître absolu des trois royaumes du nord. L'histoire marque ce prince pour le premier étranger à qui les Suédois aient déféré leur couronne.

(2891.) HASMUND, OU AMUND.

Fils et successeur de Suidbager, périt dans une bataille qu'il donna contre les Danois.

(2939.) UFFO.

Fils et successeur de Hasmund, fit la guerre avec avantage contre les Danois. Hading, roi de Danemarck, sous prétexte d'une entrevue pour traiter de la paix, l'attira dans un endroit où il le fit assassiner.

(2983.) HUNING, OU HUDING.

Frère et successeur d'Uffo, après une guerre sanglante qu'il fit au roi de Danemarck pour venger la mort de son frère, passa tout d'un coup d'une haine violente contre son ennemi à une amitié extrême : ces deux princes firent entre eux une paix solennelle, et jurèrent même de ne se point survivre. Huning, sur un faux bruit, apprend, quelque temps après, que Hading son ami avait été assassiné par sa propre fille : il songe aussitôt à dégager sa parole et à mourir ; il assemble ses amis et les principaux de ses sujets ; il leur fait un repas magnifique, à la fin duquel il se jeta tout ivre dans une cuve d'hydromel, où il se noya. Hading apprend avec douleur sa mort ; mais ne voulant pas paraître moins généreux, il se pend lui-même courageusement à la vue de tout son peuple, si on en croit les anciennes chroniques, ou plutôt les chroniques des anciens événemens.

(3031.) REGNER.

Fils et successeur de Huning, fut reconnu

pour roi de Suède malgré les oppositions de Torilla, sa belle-mère. Ce prince gouverna ses sujets avec beaucoup d'équité et de modération ; mais ces vertus pacifiques n'étaient pas du goût de ses sujets, gens féroces et barbares : il n'en fut pas estimé parce qu'il ne ravagea pas les terres de ses voisins, et peut-être parce qu'il ne fit pas assassiner ses ennemis particuliers.

(3060.) HOTHEBROD.

Fils et successeur de Regner, prince belliqueux et entreprenant, porta ses armes avec succès contre les Finlandais, Russes, Esthoniens, et Curlandiens ; il attaqua ensuite Roé, roi de Danemarck, qu'il tua à la tête de son armée. Cette victoire lui facilita la conquête de ce royaume ; mais sa domination dura peu de temps ; Helgo, frère de Roé, fit soulever les Danois, défit et tua Hothebrod, et par cette victoire chassa les Suédois de Danemarck. Ces prétendues conquêtes de royaumes n'étaient proprement en ce temps-là que des incursions que le victorieux faisait sur le pays ennemi ; il n'y avait point de places fortes où l'on mît des garnisons pour contenir les vaincus : les vainqueurs se retiraient après s'être chargés de butin, et les vaincus reprenaient bientôt les armes, et nommaient un nouveau roi ou capitaine pour les commander.

(3125.) ATTILA I.

Fils et successeur de Hothebrod, épousa la mère de Rool, roi de Danemarck : ce mariage, qui devait produire la paix entre les deux royaumes, et une intelligence parfaite entre ces deux princes, ne servit qu'à rallumer la guerre avec plus de fureur que jamais : la reine de Suède s'empara des trésors du roi son mari, et se retira auprès de son fils le roi de Danemarck. Attila, pour se venger de cette perfidie, porte ses armes en Danemarck ; Rool est défait et tué par un des généraux du roi de Suède, qui établit son frère Hother, roi de Danemarck.

(3174.) HOTHER.

Roi de Suède et de Danemarck, triompha

des Danois qui s'étaient révoltés à l'instigation de Balder, prince de cette nation; il porta ensuite ses armes contre les Russes, et mourut dans cette expédition.

(3252.) RODERIC.

Se rend célèbre par ses conquêtes, et venge la mort du roi son père par la défaite des Russes finlandais, Vuendes et Sclaves, qu'il soumit à son empire.

(3336.) ATTILA II.

Fils et successeur de Roderic, se battit en combat singulier à la tête de son armée contre Frowin, général des troupes de Wuermund, roi de Danemarck. Attila tua son ennemi. Frowin laissa deux enfans, qui étant devenus grands passèrent en Suède, et allèrent offrir leurs services à Attila, comme des aventuriers qui cherchaient de l'emploi : ils furent reçus dans la maison du prince, qu'ils assassinèrent ensuite pour venger la mort de leur père.

(3351.) BOTVUILD. CHARLES II. GRIMMER. TORDON. GOTHARD. ADOLPHE. ALGOT. ERIC II. LINDORM.

La chronologie fabuleuse marque seulement les noms de ces neuf princes, sans nous raconter rien de leurs exploits ni de la durée de leur règne.

(3916.) ALARIC.

Sous le règne de ce prince la monarchie suédoise paraît partagée en deux royaumes : Alaric régnait en Suède, et Gestiblinde dans les deux Gothies; ce partage et la proximité de deux nations féroces causèrent entre elles des guerres sanglantes. Alaric, selon la coutume de ce temps-là, fit appeler en duel Gestiblinde. Ce prince, à cause de son âge avancé, refusa le combat, mais il substitua en sa place Eric, prince de Norwége, qui était venu à son secours : les deux champions se battirent avec toute la fureur et l'opiniâtreté de gens qui veulent vaincre ou mourir. Alaric succomba sous les armes de son ennemi, il fut tué dans le combat. Gestiblinde, pour reconnaître la valeur d'Eric, lui fit déférer la couronne de Suède, et il le désigna en même temps pour son successeur au royaume de Gothie ; ainsi, peu de temps après, ces deux couronnes furent réunies sur la tête de ce prince.

(3931.) ÉRIC LE SAGE, IIIe du nom.

Ce prince vécut dans une profonde paix, et ne s'appliqua qu'à faire régner les lois et la justice : ses sujets, charmés de la douceur de son gouvernement, lui donnèrent le nom de sage, et il le préféra à celui de brave ou de courageux qu'il avait justement mérité par la valeur qu'il avait fait paraître dans son combat contre le roi Alaric.

(An de Jésus-Christ 43.) HALDAN I.

Fils et successeur d'Eric le Sage, se signale dans les guerres de Norwége, rétablit Fricdelef, roi de Danemarck, sur le trône de ses pères, dont il avait été chassé par un usurpateur. Ce prince étant de retour en Suède à la tête d'une armée victorieuse, voulut établir sa volonté seule pour règle du gouvernement : ses sujets se révoltèrent, les soldats de son armée et ses capitaines l'abandonnèrent, et il fut tué enfin par les mécontens.

(100.) SIVARD, OU SIGUARD I.

Fils de Haldan, fut reconnu pour son successeur, à condition de ne rechercher personne au sujet de la mort du roi son père. Sous le règne de ce prince les Goths se séparèrent encore une fois de la monarchie suédoise : ils élurent pour leur roi un prince de la maison de leurs anciens rois, appelé Charles. Ce prince, pour se maintenir sur le trône, fit alliance avec le roi de Danemarck, appelé Harald, et lui donna sa fille en mariage. Sivard, pour traverser cette alliance ou pour se fortifier d'une pareille, donna sa fille Ulvilda à Frothon, frère du roi de Danemarck, qui par la réputation de sa valeur avait plus de crédit parmi les Danois que le roi son frère par sa dignité. Les deux frères se brouillèrent au sujet de ces alliances : la guerre civile s'alluma en Danemarck; les plus braves se rangèrent du côté de Frothon : il livra bataille au roi son frère, le défit et le tua de sa propre main dans la chaleur du combat. Le roi Harald laissa deux enfans, Haldan et Harald. Ces deux jeunes princes ne respiraient que la vengeance de la mort de leur père ; ils surprirent Frothon dans sa maison, le brûlèrent vif, et lapidèrent la reine Ulvilda. Cette furieuse vengeance, qui passait parmi ces peuples barbares pour un acte de la plus haute générosité, fit accourir tous les Danois sous leurs enseignes : ils passèrent en Suède, donnèrent bataille au roi Sivard, taillèrent en pièces ses troupes, et le tuèrent dans le combat.

(169.) ÉRIC IV.

Les deux frères victorieux partagèrent entre eux leurs conquêtes ; Harald prit pour lui le Danemarck, et Haldan resta en Suède ; mais les Suédois lui opposèrent Eric, petit-fils de Sivard : cela excita une nouvelle guerre civile. Eric fut victorieux quatre fois sur terre ; mais Harald étant venu au secours de son frère avec une grosse flotte, Eric fut défait dans un combat naval, et il se précipita dans la mer, plutôt que de se rendre à ses ennemis.

(181.) HALDAN II.

Fut reconnû pour successeur d'Eric, selon l'usage de ce temps-là où la couronne et les biens du vaincu étaient toujours le prix du victorieux. Ce prince tua de sa main deux géans d'une énorme grandeur, et se battit ensuite seul contre Sivard et sept fils qu'il avait, que Haldan tua dans un combat singulier. Ces actions lui attirèrent l'admiration des Suédois, qui célébrèrent ses louanges dans leurs chansons héroïques, et après sa mort le comptèrent parmi leurs plus grands héros.

(194.) UNGUIN.

Haldan désigna ce prince, qui était déjà roi des Goths, pour son successeur à la couronne de Suède; mais les Suédois, jaloux du privilége qu'ils avaient de se choisir eux-mêmes un maître, élurent Raguald pour les gouverner. Une bataille décida de ce différend et de la vie d'Unguin, qui fut tué par Raguald.

(203.) RAGUALD.

Ce prince, non content d'avoir défait et tué le roi Unguin, poursuivit Siguald son fils jusqu'en Danemarck, où il s'était retiré. Ce prince, assisté des Danois, lui donna bataille dans l'île de Zéé-land, et le tua de sa propre main à la tête des deux armées.

(220.) AMUND.

Fils et successeur de Raguald. Ce prince ne fit aucune entreprise considérable pendant son règne; mais il eut quatre fils, qui s'étant attachés à la cour du roi de Danemarck, y causèrent de grands troubles. Les chroniques disent qu'en ces temps-là les jeunes princes voyageaient dans les contrées voisines, et cherchaient des aventures et des périls dignes de leur valeur et de leur courage; quelque géant vaincu en combat singulier; une bête sauvage tuée à la vue d'un roi, sa fille enlevée, et souvent sa femme violée, acquéraient une gloire immortelle à un jeune prince, et lui assuraient, à son retour dans sa patrie, la couronne et la succession de son père par préférence à tous ses frères.

(226.) HAQUIN, OU HACHO.

Ce prince, du vivant du roi Amund son père, porta ses armes en Danemarck, défit en bataille rangée Sigar, roi de ce pays, et mit tout à feu et à sang dans le royaume pour venger la mort d'un de ses frères que le roi de Danemarck avait fait mourir. Après la mort d'Amund, il régna et mourut paisiblement, sans que son règne soit marqué par aucune guerre civile ni étrangère.

(230.) OSTEN.

Fils d'un roi de Norwége, appelé Géthar, fut élu par les Suédois pour leur roi. Les Norwégiens ayant massacré le roi son père, qui les traitait trop cruellement, ce prince, pour venger sa mort, entre en Norwége, met tout à feu et à sang, ne pardonne ni à l'âge ni au sexe, et pour comble d'ignominie établit son chien pour les gouverner, comme étant indignes d'obéir à un homme. Peut-être que celui à qui il laissa en son absence le soin du gouvernement, s'appelait Chien, et que cela a donné lieu à cette fable; il peut bien être aussi que ce fût à un véritable chien qu'il donna la qualité de vice-roi : c'était un genre de vengeance assez conforme au génie et à la férocité de ces temps-là. N'a-t-on pas vu un empereur extravagant (*a*) désigner son cheval pour consul?

(235.) ALVER, OU ALARIC.

Ce prince, après la mort d'Osten, fut choisi entre les principaux de la nation suédoise pour roi. Il remporta une victoire sur les Russes, qu'il obligea de payer tribut à la couronne de Suède : il régna peu, et mourut paisiblement.

(240.) INGO.

Fils et successeur d'Alver, fixa sa demeure à Upsal, dont il fit la capitale du royaume : les successeurs de ce prince prenaient souvent la qualité de rois d'Upsal, pour se dis-

(*a*) Caligula.

tinguer d'autres petits rois qui régnaient chacun dans différentes provinces.

(262.) FIOLMUS.

L'histoire nous a conservé seulement le nom de ce prince, sans nous instruire de la durée ni des particularités de son règne : il se trouve même cent ans d'intervalle vide sans qu'on marque les noms des princes qui régnaient.

(378.) INGELL.

Olaüs, frère d'Ingell, ayant entrepris de l'éclairer sur la conduite de la reine sa femme, cet avis indiscret fit naître entre eux une querelle qui ne finit que par la mort d'Ingell, qu'Olaüs tua.

(382.) GERMUNDER, OU JORUNDER.

Fils et successeur d'Ingell, fit la guerre à Harald, roi de Danemarck, son beau-frère. Le Danois ne se trouvant pas en état de résister à son ennemi, demande la paix, l'obtient, invite Germunder à venir voir la reine sa sœur. Ce prince congédie ses milices, suit Harald chez lui, qui viole le droit des gens et d'hospitalité : il fait arrêter le roi de Suède, et quelques jours après il fit pendre ce malheureux prince à la vue de tous ses vassaux qu'il avait invités à ce funeste spectacle.

On ne savait ce que c'était en ce temps-là de donner des otages ; les rois n'avaient point de gardes, ni un grand nombre d'officiers pour leur maison ; en guerre ils étaient servis par les principaux de la nation, mais en paix chacun se retirait chez soi, et le prince demeurait avec sa famille et ses seuls domestiques.

(387.) HAQUIN RINGO.

Fils et successeur de Germunder. Ce jeune prince ne se vit pas plutôt capable de porter les armes, qu'il résolut de les employer pour venger la mort du roi son père contre son oncle Harald, roi de Danemarck, qui l'avait fait périr avec tant de perfidie : il fit pour ce dessein une levée extraordinaire de troupes; il appela à son service tous les aventuriers qui s'y voulurent engager. Les nations voisines prirent parti dans cette guerre suivant leurs intérêts et les engagemens de leurs souverains. Les Anglais, Hibernois, et Saxons se déclarèrent pour le roi de Danemarck; les Norwégiens, Curlandais, et Esthoniens prirent le parti de Haquin. Ces deux princes amassèrent chacun deux armées nombreuses, et où il semblait que tous les peuples des deux nations se trouvaient; il s'y rencontra même des femmes qui voulurent avoir part au péril et à la gloire. Hetha commandait une compagnie de femmes dans l'armée de Haquin, et Visna suivait le parti des Danois. On en vint enfin à une bataille décisive. Harald fut défait et tué dans le combat; Haquin victorieux se rendit maître du Danemarck, et il y établit l'héroïne Hetha pour vice-reine. L'histoire marque que ce prince fut redevable de la victoire à la valeur des Dalécarliens, peuples suédois qui habitent vers le nord de la Suède.

(399.) ÉGILL.

Fils et successeur de Haquin, contraignit

Amund, roi de Danemarck, de lui payer tribut, triompha de quelques mécontens qui s'étaient révoltés, et fut tué malheureusement à la chasse par un bœuf sauvage qu'il manqua.

(405.) GOTHAR, OU OTHARD, fils d'Egill.

Enlève la fille d'Amund, roi de Danemarck, fait sur les Danois la conquête de la Scanie et de l'Hallandie. Ce prince fut tué par ses propres sujets, mécontens de ce qu'il avait établi de nouvelles lois qui semblaient donner atteinte aux priviléges et à la liberté de la nation.

(433.) ADELUS.

Fils et successeur de Gothar, fit la guerre à Jamric, roi de Danemarck, son beau-frère. Ce prince avait épousé la sœur d'Adelus, appelée Suavida, et il avait fait mourir cette princesse injustement sous quelque ombrage qu'il avait pris de sa conduite. Le roi de Suède porta ses armes en Danemarck, assiégea ce prince, qui n'était pas moins odieux à ses propres sujets qu'à ses ennemis. Il fut pris après un siége de quelques mois : les Suédois lui coupèrent les bras et les jambes, enlevèrent ses trésors, et réunirent les provinces de Schonie, de Haland, et de Blekingie à la Gothie, dont elles faisaient partie anciennement.

(437.) OSTEN, OU EISTEIN.

Ce prince ayant été assez hardi pour vouloir mettre un impôt sur ses sujets, ces peuples féroces et jaloux de leur liberté coururent aux armes avec fureur, et ayant surpris Osten dans sa maison, l'y brûlèrent avec toute sa famille. On voit par cet exemple et par tout ce qui a précédé, que la destinée de ces princes semblait être entre les mains de leurs sujets, et qu'elle dépendait de leur caprice.

(453.) INGEMAR, OU INGUARD.

L'histoire marque que la Gothie avait en ce temps-là un roi, et ce prince une fille d'excellente beauté, comme sont toutes les filles de roi dans ces anciennes histoires. Snio, roi de Danemarck, et Ingemar, roi de Suède, la firent demander en mariage. Le Danois était plus agréable à la princesse; mais le roi de Gothie se déclara en faveur d'Ingemar, comme étant tous deux de la même nation: il donna sa fille et assura sa couronne au roi de Suède. Snio arme pour se venger de cette préférence, entre en Suède, combat et défait Ingemar, enlève la reine sa femme, à qui cette sorte de violence ne déplut pas. Le roi de Suède lève de nouvelles troupes, entre à son tour en Danemarck, défait et tue Snio, se rend maître du royaume de Danemarck, et reprend sa femme sans scrupule, peut-être même qu'elle lui fut plus chère et qu'elle lui parut plus agréable après l'avoir arrachée à son ennemi. Ce prince fut tué dans une guerre qu'il entreprit contre les Russes.

(460.) HASTAN I. RAGUALD. SWARTMAN. TORDON. RODOLPH. GOSTAG. ARTHUS. HAQUIN. CHARLES IV. CHARLES V. BIRGER. ÉRIC V. TORILL. BIORN II. ALARIC II.

Ces princes remplissent le vide et l'intervalle depuis 415 jusqu'au commencement du neuvième siècle. On ne sait aucune particularité de leur règne ; on n'est pas plus instruit de leurs familles : on a conservé seulement leurs noms.

(816.) BIORN III.

Le règne de ce prince est marqué par une époque considérable. L'empereur Louis-le-Débonnaire fit passer en Suède Ansgarius, évêque de Brême, qui y prêcha la foi, et qui fut assez heureux pour y convertir quelques petits rois du pays ; mais ces conversions n'eurent point de suite, la Suède demeura toujours idolâtre, jusque vers la fin du dixième siècle, que l'on commença à bâtir des églises au vrai Dieu, sous le règne d'Olaüs le tributaire, qui fit hautement profession de la religion chrétienne.

(824.) BRAUT-AMUND.

Ce prince voyant un peuple nombreux sous son gouvernement, fit abattre des forêts entières, et défricher les terres incultes, qu'il donna à ses sujets, à condition de payer un certain tribut, ou de servir le prince à cheval dans les guerres qu'il aurait à soutenir : on voit dans cet établissement l'origine des fiefs dans ce royaume, qui relevaient tous immédiatement de la couronne, mais dont les droits furent usurpés dans la suite par le clergé et la noblesse. Braut-Amund ne régna que trois ans : Sivard, frère de ce prince, se rébella contre lui, le défit et le tua à la tête de son armée.

(827.) SIVARD II, surnommé FROUS.

La couronne de Suède fut le prix de sa victoire : les Suédois la lui déférèrent sans peine, quoiqu'il fût encore teint du sang du roi son frère et son souverain ; mais dans ce temps-là la force décidait de tout, et qui était victorieux était loué du crime même, qu'on aurait puni s'il eût été vaincu. Sivard se voyant affermi sur le trône, porta ses armes en Norwége ; il pilla ce royaume, qu'il surprit et qu'il trouva d'abord sans défense ; les plus belles femmes devinrent la proie de sa passion, et après en avoir joui il les abandonnait indifféremment aux principaux chefs de ses troupes. Les Norwégiens, irrités de ces violences, prennent les armes, leurs femmes même se mêlent dans le combat. Sivard périt par la main d'une de ces héroïnes qu'il avait déshonorée, et qui par la mort de ce prince vengea son honneur et celui de sa nation.

(834.) HEROT, OU HARALD.

Ce prince eut une fille d'une parfaite beauté. Regner, roi de Danemarck, la demanda en mariage : Herot, suivant l'usage de ce temps-là, ne lui accorda la princesse qu'à condition qu'il donnerait auparavant des preuves de sa valeur et de son courage : il exigea qu'il combattît contre deux ours d'une énorme grandeur qui causaient beaucoup de désordre auprès d'Upsal : quelques auteurs prétendent que c'étaient deux brigands à qui le peuple avait donné le nom de bêtes sauvages, à cause des cruautés qu'ils exerçaient. Regner accepta la condition ; il combattit les ours ou les brigands, les tua, et épousa la princesse.

(856.) CHARLES VI.

Fut élu par les suffrages de tous les Suédois, au préjudice des enfans de Herot. Regner, roi de Danemarck, exhorte son beau-frère, fils de Hérot, de s'opposer par la voie des armes à cette élection. Les deux partis lèvent des troupes, donnent une bataille; les deux compétiteurs y furent tués, Charles et le fils de Herot; Regner recueillit le fruit de la victoire. Il établit son fils Biorn roi de Suède.

(868.) BIORN IV.

Fils de Regner, roi de Danemarck, et petit-fils de Herot, roi de Suède, entreprit de gouverner ses nouveaux sujets comme des esclaves et des peuples conquis par la force des armes; mais ces peuples, jaloux de leur liberté, et ennemis sur-tout d'une domination étrangère, prirent les armes, et chassèrent ce prince, qui se retira en Norwége.

(883.) INGIELD, OU INGEVALD.

Petit-fils de Braut-Amund, est porté sur le trône par les vœux de tous les Suédois. On prétend que ce prince avait été nourri dans sa jeunesse avec des cœurs de loups pour le rendre plus féroce et plus fort : sa conduite répondit à sa nourriture et à son éducation. L'inauguration et la cérémonie de prendre possession de la couronne consistait en ce temps-là dans un repas magnifique que le nouveau prince faisait aux principaux de l'état, et à la fin de ce repas il prenait un grand vase, appelé bragagebar, qu'on remplissait de vin : le prince, avant que de s'asseoir sur le trône, le buvait tout entier, et jurait solennellement après l'avoir bu d'étendre les bornes du royaume, et de faire sentir son épée aux ennemis de la nation. Ingield à son avènement à la couronne fit ce serment. La plupart des provinces de Suède obéissaient à plusieurs petits rois, qui ne reconnaissaient le roi d'Upsal qu'autant qu'il était puissant. Pour les y contraindre, Ingield les invita, suivant la coutume, à la cérémonie de son couronnement : ces princes y furent régalés avec beaucoup de magnificence ; mais la scène changea la nuit. Le roi d'Upsal, qui voulait se défaire de tous ces petits rois qui n'avaient la plupart pour lui qu'une obéissance arbitraire, fit mettre le feu dans la maison où ces princes s'étaient retirés : ils y furent brûlés, et Ingield s'empara aussitôt de leurs biens et du gouvernement de leurs provinces. Cet attentat sur le droit des gens et la liberté de la nation rendit Ingield odieux à ses sujets : le roi de Danemarck étant entré en armes sur les terres de Suède, ils refusèrent de le suivre à la guerre Ingield se vit roi sans sujets et sans armée ; son ennemi s'approcha sans obstacles du pays et de la maison qu'il habitait : le roi de Suède, craignant de tomber entre ses mains, se brûla lui-même dans sa maison avec toute sa famille.

(891.) OLAUS TRATAELIA.

Ce nom fut donné à ce prince parce qu'à l'exemple du roi Braut-Amund il fit défricher quantité de terres qu'il donna en fief aux Suédois, en sorte que presque toutes les terres labourables de ce royaume étaient dans dans ce temps-là tributaires de la couronne.

(900.) INGO II.

Fils et successeur d'Olaüs, prince paisible,

méprisé par ses sujets, peuples féroces et belliqueux qui ne respiraient que la guerre.

(906.) ÉRIC VI.

Ce prince monta sur le trône à la faveur de quelques prestiges dont il épouvanta les Suédois; ils le prirent pour un grand magicien, et il leur persuada qu'il disposait à son gré des vents et des tempêtes; opinion qui ne fut pas inutile pour lui concilier l'admiration et le respect de ces peuples simples et grossiers.

(917.) ÉRIC VII, dit LE VICTORIEUX.

Ce prince est un peu mieux connu que ses prédécesseurs : il sortit de Suède, passa la mer Baltique à la tête de son armée, descendit en Livonie, et se rendit maître de cette province; il conquit sur les Danois les provinces de Schonie et de Hallandie. Il mourut dans un âge avancé, aimé de ses sujets et redouté de ses voisins et de ses ennemis.

(940.) ÉRIC VIII.

Deux prêtres de Hambourg, appelés Aldewart et Etienne, passèrent en Suède et convertirent ce prince à la foi chrétienne. Il voulut signaler son zèle en faisant abattre le temple des faux dieux qui était à Upsal ; mais le peuple, qui regarda cette action comme un sacrilège, le massacra avec les deux missionnaires allemands, auxquels il semble qu'on ne peut refuser non plus qu'à ce prince la qualité glorieuse de martyrs.

(980.) OLAUS LE TRIBUTAIRE.

Frère et successeur du roi Eric. La mort de ce prince ne l'épouvanta point ; il fit à son exemple hautement profession de la religion chrétienne. Quelques auteurs le marquent pour le premier roi chrétien de ce royaume, à cause que sous son règne on bâtit plusieurs églises en l'honneur du vrai Dieu, et que la plupart du peuple se convertit à la foi de Jésus-Christ par le ministère de quelques prêtres anglais. On accusa ces missionnaires d'avoir mêlé des vues d'intérêt et de politique à l'établissement de l'évangile. Olaüs, par leur conseil, soumit son royaume au Saint-Siége, et obligea ses sujets de payer au pape un tribut appelé le denier de S. Pierre; dévotion qui tirait à conséquence pour la souveraineté de ce royaume, et dont les successeurs d'Olaüs s'affranchirent de bonne heure.

(1019.) AMUND LE BRULEUR.

Fils et successeur d'Olaüs, fut appelé Brûleur, parce qu'il ordonna de brûler la maison de celui qui aurait fait tort à son voisin. Cette loi fait assez connaître le génie de la nation, et à quel point d'ignorance et de simplicité les Suédois en étaient encore vers l'onzième siècle. Amund périt dans une bataille qu'il donna contre Canut le Riche, roi de Danemarck.

(1035.) ÉMUND SLEMME.

Ce prince fut odieux à ses sujets pour avoir fait un traité désavantageux avec le roi de Danemarck au sujet de la Schonie, que les Suédois prétendaient faire partie de l'ancien royaume de Gothie, et que ce prince, plus brave qu'habile, reconnut appartenir à la couronne de Danemarck. L'histoire ne fait mention presque d'aucun traité où cette même supériorité des Danois dans les négociations ne paraisse plus d'une fois. Un trait de plume les a souvent dédommagés amplement de ce qu'ils avaient perdu par l'épée de leurs ennemis.

(1041.) HAQUIN LE ROUGE.

Les suffrages furent partagés dans les élections ; les peuples de Gothie donnèrent leurs voix à Haquin, leur compatriote, fils d'un paysan, mais célèbre par sa valeur. Les Suédois se portèrent pour Stenchill, qui par sa mère était petit-fils d'Olaüs le Tributaire. Selon l'usage de ce temps-là, un combat singulier devait décider ce différend ; cependant les deux concurrens s'accordèrent amiablement. Haquin, déjà fort âgé, régna le premier, et après sa mort il laissa sa couronne à Stenchill, qui était désigné pour lui succéder.

(1059.) STENCHILL II.

Prince sage, pieux, amateur des lois et de

la religion, ne régna que deux ans : il laissa deux jeunes princes, qui, prétendant tous deux au trône, armèrent pour soutenir leurs prétentions, et périrent tous deux dans un combat.

(1061.) INGO III.

Fut élu par les suffrages de toute la nation. Ce prince ne céda point à son prédécesseur ni en piété ni en justice : il défendit par une loi expresse qu'on sacrifiât aux faux dieux ; il voulut réprimer plusieurs petits seigneurs qui tyrannisaient le peuple, mais il succomba dans cette entreprise ; les mécontens le surprirent dans sa maison, et l'y massacrèrent inhumainement.

(1064.) HALSTAN.

Frère d'Ingo, prince doux, bienfaisant, plein de bonté, et qui fut assez heureux et assez habile pour faire goûter ses vertus aux Suédois.

(1080.) PHILIPPE.

Fils de Halstan, et imitateur de ses vertus. On marque sous le règne de ce prince le commencement de l'illustre maison des Folquingiens, qui eurent beaucoup de part dans le gouvernement de l'état pendant plusieurs règnes.

(1110.) INGO IV.

Fils et successeur de Philippe, fut, à l'exemple de ses prédécesseurs, plein de zèle pour l'avancement de la religion; il voulut faire régner la justice et les lois, et punir les réfractaires. Quelques seigneurs ostrogoths redoutant sa puissance l'empoisonnèrent.

Sous les cinq derniers rois la Suède jouit d'une profonde paix; ce fut pour ainsi dire l'âge d'or de cette monarchie; nulle guerre civile ni étrangère : ce fut l'effet de la modération de ces princes, qui ne voulurent faire aucune entreprise ni sur les terres de leurs voisins, ni sur les priviléges et la liberté de leurs sujets.

(1129.) RAGUALD.

Les Suédois, ennuyés d'une longue paix, contraire à leur humeur guerrière et entreprenante, mirent sur le trône ce prince, charmés de la grandeur de sa taille et de la force apparente de son corps; mais ils ne furent pas long-temps sans s'en repentir. Raguald fut cruel, violent, ennemi des lois et des priviléges de son pays, jaloux avec fureur de l'autorité souveraine, qu'il voulut porter jusqu'au pouvoir despotique dans un état où les rois n'étaient presque considérés que comme les généraux de la nation. Il traita ses sujets comme des ennemis; il en fut traité à son tour de la même manière. C'était la coutume dans ce royaume que lorsque le prince entrait dans une province, il donnait aux habitans des otages pour la sûreté de leurs priviléges, et il en recevait réciproquement pour la sûreté de sa personne. Raguald, passant par la Gothie occidentale, méprisa cet usage : il entra dans cette province les armes à la main; les peuples de Gothie se soulevèrent, et dans une rencontre, ils défirent et tuèrent ce prince violent.

(1140.) SUERCHER II.

Fut élu par les suffrages de toute la nation : ce fut un prince religieux, amateur des lois, et plein de zèle pour l'avancement de la religion. Son règne aurait été heureux s'il n'eût pas été père d'un fils violent, déréglé dans ses mœurs, ennemi des lois et de la religion. Ce jeune prince fit une course dans l'Hallandie à la tête d'un bon nombre de libertins et de gens dévoués à ses passions, qu'il tenait toujours auprès de lui : il enleva avec leur secours la femme et la sœur du gouverneur de la province; il les viola et les abandonna ensuite à cette troupe de brigands dont il était toujours environné. Les Danois armèrent pour se venger de cet attentat : ils poursuivirent ce prince, que les peuples de Suède refusèrent de secourir. Suercher eut la douleur de le voir succomber sous les armes de ses ennemis : ce malheureux prince périt avec tous les ministres de ses passions dans une rencontre où il se trouva inférieur en nombre aux Danois. La fin du règne de Suercher ne fut pas si heureuse que les commencemens :

une troupe de mécontens l'assassinèrent dans son traîneau une nuit de Noël, comme il allait à l'église avec sa famille et ses domestiques. On prétend que c'est de ce prince que vient la maison des comtes de Brahé, illustre dans le royaume de Suède.

HISTOIRE CHRONOLOGIQUE PLUS EXACTE.

(1150.) ÉRIC IX.

Les suffrages furent partagés dans l'élection, et en conséquence le royaume encore une fois divisé. Les peuples des deux Gothies reconnurent pour roi Charles, fils de Suercher; mais le reste des Suédois se déclara pour Eric, dont la postérité a régné deux cents ans dans ce royaume : ce fut un prince que sa valeur fit élire par les Suédois pour leur roi, et qui après sa mort en fut révéré comme un grand Saint. Il porta ses armes en Finlandie moins par des sentimens d'ambition et de conquête que pour frayer aux missionnaires le chemin d'y annoncer l'évangile : il était lui-même l'apôtre de ces peuples ; il s'appliqua avec beaucoup d'ardeur à leur conversion ; il fit compiler les anciennes lois du royaume, et il y en ajouta d'excellentes pour l'utilité et la sûreté publiques. Ces vertus pacifiques ne furent pas du goût de gens accoutumés à vivre des rapines et des brigandages qu'ils exerçaient les uns contre les autres : quelques mécontens ne purent souffrir que ce prince entreprît de les assujettir aux lois de l'équité et de la justice dans un temps et dans un royaume où il semblait que le plus fort et le plus violent fût toujours en droit de piller les plus faibles : ils assassinèrent cruellement ce prince religieux et dévot. On soupçonna le roi de Gothie d'avoir contribué à ce crime par ses intelligences secrètes avec les rebelles.

(1162.) CHARLES VII.

Ce prince n'oublia rien pour effacer le soupçon qu'on avait qu'il eût contribué à la mort de S. Eric. Les Suédois l'ayant élu pour roi, afin de réunir les deux Gothies à la monarchie suédoise, il commença son règne par ordonner que toutes les lois de S. Eric seraient exactement observées : il rappela Canut, fils de ce prince, qui, après sa mort, s'était sauvé en Norwége ; il fit même une loi, pour éteindre toutes les semences d'une guerre civile, qu'après sa mort ce prince lui succéderait : que l'élection roulerait tour-à-tour entre les deux maisons. Il s'appliqua ensuite à faire bâtir plusieurs monastères pour se concilier l'estime du peuple, toujours sensible à ces marques extérieures de piété.

Il envoya jusqu'à Rome pour demander au pape Alexandre III le titre d'archevêque avec le Pallium en faveur de l'évêque d'Upsal, primat du royaume. Le pape lui accorda cette grace, qu'il ne laissa pas de lui bien faire valoir, suivant le style de la cour de Rome : il exigea en reconnaissance que tous les biens des Suédois qui mourraient sans enfans fussent dévolus au Saint-Siége. On prétend que les Suédois se débarrassèrent de bonne heure d'un tribut si onéreux.

(1168.) CANUT.

Fils de S. Eric. Ce prince ne put se résoudre

à attendre la mort du roi Charles, qui l'avait désigné pour son successeur : il assembla des troupes en Norwége, et, soit impatience de régner ou de venger la mort du roi son père, il entra en armes en Suède, défit Charles, le tua dans le combat, et, par cette victoire, s'assura la couronne. Il n'oublia rien pour exterminer toute la race de son prédécesseur; mais comme jamais tyran ne fit mourir son successeur, toutes les cruautés qu'il exerça sur la maison du roi Charles n'empêchèrent pas que les Suédois après sa mort ne missent sur le trône Suercher, fils de ce prince, suivant la disposition de Charles même, qui avait ordonné que les deux maisons règneraient alternativement.

(1192.) SUERCHER III.

Ce prince imita la cruelle politique de son prédécesseur : il rechercha avec soin tous les parens du roi S. Eric, qu'il fit massacrer. Un seul échappé prit les armes, et lui livra bataille.

(1211.) ÉRIC X.

Vainqueur de Suercher, fut roi par conséquent après la mort de ce prince, la couronne étant toujours le prix du victorieux. Eric chercha des voies d'accommodement avec la maison de son prédécesseur : il leur proposa de rétablir l'élection, ou plutôt la succession alternative dans les deux familles ; et pour leur donner des preuves qu'il voulait exécuter ce traité de bonne foi, il désigna Jean, fils de Suercher, pour son successeur, au préjudice du prince Eric son fils, qui ne devait revenir à la couronne qu'après la mort du prince Jean.

(1220.) JEAN Ier.

Suivant ce traité succéda au roi Eric. Ce prince fit quelques conquêtes dans la Livonie, et il entreprit même de contraindre par la force de ses armes les peuples de Schonie à renoncer au culte des idoles ; mais ces peuples regardèrent ce changement forcé comme une espèce d'esclavage ; ils prirent les armes, et chassèrent les Suédois de leur province. Le roi Jean, après trois ans de règne, mourut dans l'île de Wiensingso.

(1223.) ÉRIC LE BÈGUE, XIe du nom.

Fils d'Eric X, revient à son tour à la couronne sans effusion de sang, chose bien rare qu'une famille se dessaisisse si tranquillement de la souveraine puissance, et qu'elle laisse passer si aisément la couronne dans une autre maison. Eric, pendant son règne, rendit un service très-considérable à la régence de Lubeck : les Danois avaient assiégé cette ville avec une armée de terre nombreuse, et ils tenaient le port fermé avec une chaîne de fer qui était défendue par une puissante flotte; Eric envoya un convoi considérable, escorté d'un bon nombre de vaisseaux de guerre, qui défirent les Danois, percèrent au travers de leurs escadres, rompirent la chaîne qui tenait toute l'embouchure de la rivière de Trave, portèrent des vivres, des munitions, et des troupes dans Lubeck, et par ce secours important délivrèrent cette ville anséatique de la domination danoise. La régence, en reconnaissance, affranchit dans son port tous les vaisseaux marchands de Suède de tous impôts.

(1251.) WALDEMAR.

C'était à la maison de Suercher à monter sur le trône, suivant la convention faite avec la maison de S. Eric; cependant il ne paraît point que les Suédois fissent attention à ce traité. Eric le Bègue n'ayant point laissé d'enfans, ils élurent pour leur souverain le fils de sa sœur, qui était mariée au ierl ou comte Birger, général des armées de Suède sous le règne précédent. On sera peut-être surpris qu'ils ne choisirent pas ce seigneur lui-même plutôt que le prince son fils qui n'était qu'un enfant; mais il paraît dans toutes les histoires de ce royaume que, quoique le droit d'élection fût toujours en vigueur, les peuples cependant choisissaient toujours un prince de la maison dominante par préférence à tous les autres seigneurs du royaume. Le comte Birger, autrement dit, selon l'usage de ce temps-là, Birger ierl, fut chargé par les états du soin du gouvernement pendant la minorité du roi Waldemar : ce seigneur, ministre de son propre fils, entreprit de donner à la couronne tout l'éclat qu'elle devait avoir sous un prince puissant et habile. Il fit la paix avec les ennemis étrangers, et il tourna ensuite tous ses soins à se rendre absolu dans le royaume; il fit bâtir et fortifier la ville de Stockholm; il établit de bonnes lois, qu'il fit observer rigoureusement: ayant trouvé quelques seigneurs jaloux de son autorité, et qui se plaignaient qu'il la portait trop loin, il fit couper la tête aux principaux; il maria ensuite le roi son fils avec Sophie, fille d'Eric, roi de Danemarck, afin de fortifier sa maison par cette alliance. Ce jeune prince, en devenant majeur, donna à Birger ierl son père, le titre de duc au lieu de celui de ierl, comme une reconnaissance de ses bons soins, et il déclara, par le conseil de son père, son frère Magnus, prince de Sudermanie; Eric, prince de Smalandie, et Benoît, prince de Finlandie. Birger, ayant si bien établi toute sa maison, mourut peu de temps après. La tranquillité et le bonheur de la Suède finirent avec la vie de ce grand homme.

Le roi Waldemar se repentit des apanages qu'il avait donnés aux princes ses frères; il voulut les en dépouiller, et sur-tout le duc Magnus, qu'il accusait d'aspirer à la cou ronne : cela fit naître une furieuse guerre civile, où les Danois se mêlèrent, et qui ne finit que par leur défaite et l'abdication de Waldemar, qui fut fait prisonnier. Ce prince, ayant renoncé à la couronne, se retira avec les Danois, qui avaient suivi son parti, à Malmogen dans la Schonie.

(1277.) MAGNUS LADULAS, second fils de Birger.

Ce prince, aussi digne de régner que son frère en était incapable, s'appliqua au commencement de son règne à grossir son domaine, et à augmenter son épargne, comme le moyen le plus sûr d'établir sa puissance. Il obtint des états-généraux toutes les mines du royaume, les quatre grands lacs Méler, Wéner, Wéter, et Hielmer, et tous les droits qui se devaient payer pour les terres défrichées.

Ce prince habile se servit de ses revenus pour se fortifier contre l'inconstance naturelle d'une nation qui ne pouvait se passer d'un roi, et qui n'en pouvait souffrir un puissant ni autorisé. Il appela auprès de lui plusieurs seigneurs allemands, à qui il distribua les principales charges de l'état. Les seigneurs suédois, jaloux de cette préférence, et inquiets des relations que leur souverain avait dans les pays étrangers, firent assassiner ces Allemands. Le roi dissimula son ressentiment : il arma avec beaucoup de secret; il surprit les mécontens, et fit couper la tête aux principaux. Rien ne résista plus à son autorité, et il est certain que ce prince habile et entreprenant l'aurait portée si loin qu'il l'eût laissée absolue à ses enfans, s'il n'eût pas été prévenu par la mort. Il laissa trois jeunes princes, dont l'aîné n'avait pas onze ans, savoir Birger II, Eric, et Waldemar.

(1291.) BIRGER II.

Pendant la minorité de Birger, Torckel Canutson fut chargé du soin du gouvernement. Il se rendit maître, pendant son administration, de la Carélie, prit Hexholm sur les Russes, et fit fortifier Wibourg pour arrêter les courses de ces peuples. Birger étant majeur, épousa Mérette, fille d'Eric, roi de

Danemarck. Le prince Waldemar, son frère, épousa la fille du régent Canutson; et le prince Eric épousa Ingeborgh, fille de Haquin, roi de Norwége. Les mêmes causes qui avaient troublé le règne de Waldemar agitèrent celui de Birger son neveu. Ce prince voulut établir des impôts extraordinaires sur ses sujets; il s'empara des dîmes, et emprisonna quelques évêques, qui entreprirent de lui faire quelques remontrances; ne traita pas mieux les princes ses frères; il prétendit leur prescrire des lois dans le gouvernement de leurs états, qui les rendaient dépendans et esclaves des volontés de la cour. Ces princes firent servir le ressentiment du peuple à leur propre vengeance; ils prirent les armes, et furent suivis par tous ceux qui étaient jaloux de la liberté et des priviléges de la nation. Le roi Birger arma de son côté, et il fut secouru par le roi de Danemarck son beau-frère. Les armes ne lui ayant pas été favorables, il eut recours à une infâme trahison; il attira les princes ses frères à sa cour sous prétexte d'une réconciliation sincère; on les jeta aussitôt dans le fond d'un cachot, où on les laissa mourir de faim.

Les Suédois, détestant la perfidie et la cruauté de ce prince, prennent les armes, élèvent sur le trône Magnus, fils du duc Eric, et poursuivent le roi Birger. Ce prince leur oppose quelques troupes, qui sont défaites, et son fils est fait prisonnier. Les mécontens, pour prémices de leur vengeance, et pour assurer la couronne à Magnus, font couper la tête à ce malheureux prince. Le roi son père, accablé de tant de malheurs, et craignant de tomber entre les mains de ses ennemis, se sauve en Danemarck, où il meurt dans une grande obscurité.

On trouve au commencement de cet ouvrage les noms des princes qui suivent, et un abrégé de leur vie.

1330. Magnus Sméek, fils du duc Eric.

1372. Albert de Meklenbourg.

1395. Marguerite de Waldemar, reine des trois royaumes du nord.

1424. Eric, duc de Poméranie, treizième du nom, roi des trois royaumes du nord.

1441. Christophe de Bavière, roi des trois royaumes du nord.

1445. Charles Canutson, seigneur suédois, élu roi de Suède et de Norwége.

1457. Christiern d'Oldenbourg, premier du nom, chef de la maison qui règne à présent en Danemarck, et roi des trois royaumes.

1470. Sténon Ier, neveu du roi Canutson, administrateur du royaume de Suède.

1504. Suante Sture, administrateur du royaume de Suède.

1512. Sténon II, fils de Suante Sture, administrateur.

1520. Christiern d'Oldenbourg, deuxième du nom, roi des trois royaumes du nord.

1523. Gustave Wasa, seigneur suédois, administrateur, et ensuite élu roi de Suède, rend la couronne héréditaire dans sa maison.

FIN DU TOME SECOND.

TABLE ALPHABÉTIQUE

DES MATIERES

CONTENUES DANS LE SECOND VOLUME.

A

B

C

D

E

F

H

M

N

T

U

V

W

FIN DE LA TABLE.

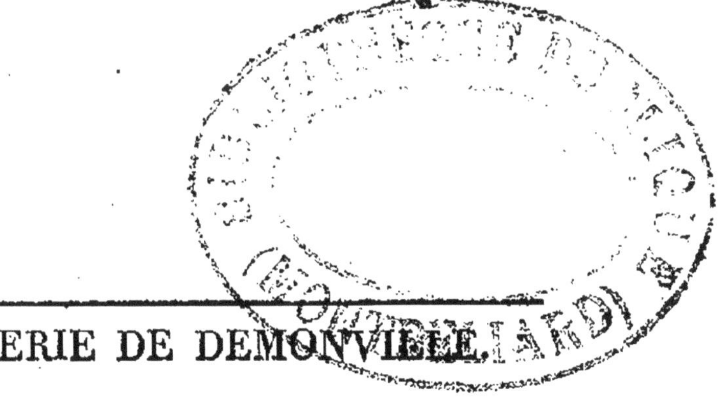

IMPRIMERIE DE DEMONVILLE.

www.ingramcontent.com/pod-product-compliance
Ingram Content Group UK Ltd.
Pitfield, Milton Keynes, MK11 3LW, UK
UKHW022039190726
13855UKWH00002B/359

9 782013 442299